AF325568

EXCURSIONS AUTOUR DU MONDE

LES INDES

LA BIRMANIE, LA MALAISIE, LE JAPON ET LES ÉTATS-UNIS

PAR

Le Cte Julien de ROCHECHOUART

MINISTRE PLÉNIPOTENTIAIRE

OUVRAGE ORNÉ DE GRAVURES

PARIS

E. PLON et Cie, IMPRIMEURS-ÉDITEURS

RUE GARANCIÈRE, 10

1879

Tous droits réservés

EXCURSIONS AUTOUR DU MONDE

LES INDES

LA BIRMANIE, LA MALAISIE, LE JAPON
ET LES ÉTATS-UNIS

PARIS. — TYPOGRAPHIE DE E. PLON ET Cie, 8, RUE GARANCIÈRE.

LES INDES

LA BIRMANIE, LA MALAISIE, LE JAPON ET LES ÉTATS-UNIS

PAR

Le Cte Julien de ROCHECHOUART

MINISTRE PLÉNIPOTENTIAIRE

OUVRAGE ORNÉ DE GRAVURES

PARIS

E. PLON et Cie, IMPRIMEURS-ÉDITEURS

10, RUE GARANCIÈRE

1879

Tous droits réservés

PRÉFACE

L'accueil si bienveillant que le public et la presse ont fait au volume que nous avons précédemment publié sur la Chine nous fait un devoir d'expliquer que ce livre étant le fruit d'observations de dix années, il a fallu, pour ne pas ennuyer le lecteur, mélanger les événements qui se sont passés cependant à des époques bien différentes. La première fois que nous nous sommes embarqué pour la Chine, c'était à la fin de janvier 1867, et notre livre se ferme au mois de septembre 1876 ; c'est donc une période

a.

d'une dizaine d'années pendant laquelle deux fois nous avons été dans ce pays et deux fois nous en sommes revenu.

En 1867, le canal de Suez n'existait pas, et l'on passait par le Caire, où nous sommes resté quelque temps. A notre second voyage, nous avons bien traversé le canal; mais trouvant inutile de parler une seconde fois de Suez, d'Aden et de Pointe de Galles, nous commençons le récit de nos aventures à notre entrée dans les Indes.

De même pour Singapour, quoique ayant déjà parlé de ce port dans notre premier volume, forcé par les circonstances d'y demeurer quinze jours, nous n'avons pas hésité à raconter dans le nouveau volume que l'on va lire notre visite au Maharajah de Yehore, ainsi que notre excursion à Rhiau.

Entre le moment où nous avons quitté Singapour pour la seconde fois et notre entrée au Japon, il s'est écoulé plus de deux ans que nous avons passés en Chine et dont nous avons mélangé les souvenirs à ceux de notre premier séjour. Ce fut un tort, et plusieurs personnes nous ont demandé l'explication de faits qui semblent contradictoires sans cependant l'être. Seulement ce qui était vrai en 1867 avait cessé de l'être en 1875, et bien des choses que l'on croyait impossibles à la première époque ont cependant été réalisées et ont réussi depuis.

Après ces explications, le lecteur ne pourra plus faire de confusion, car il est bien averti que le premier volume de notre récit est composé avec des notes recueillies pendant deux voyages, et que dans le second, que nous présentons aujourd'hui, deux années se sont écoulées entre le moment où nous avons visité l'Inde et la Birmanie et celui où nous sommes rentré en France par le Japon et les États-Unis.

EXCURSIONS
AUTOUR DU MONDE

CHAPITRE PREMIER

LES INDES

Autrefois tous les bâtiments qui se rendaient à Calcutta, faisaient escale à Pointe de Galles, et remontaient le golfe du Bengale en s'arrêtant à Pondichéry et à Madras. Aujourd'hui cette route est presque abandonnée; on préfère débarquer à Bombay et traverser la Péninsule en chemin de fer; c'est plus rapide, moins fatigant et moins coûteux; cependant les messageries, dont la principale ligne est celle de Chine, n'ont sur les Indes qu'un service de correspondance, qui part de Pointe de Galles et suit l'ancien itinéraire.

Il est regrettable pour le touriste que sa première étape soit Pondichéry, car cette colonie diffère es-

sentiellement des Indes anglaises, et il vaudrait
mieux connaitre la règle avant l'exception, ne fût-
ce que pour apprécier leur mérite réciproque.

Pondichéry est resté le type le plus parfait de
l'Inde française, telle que nous l'ont dépeinte les
voyageurs du siècle dernier, et a gardé vivant le souvenir des Dupleix et des la Bourdonnais.

Cette ville, et les districts qui en dépendent,
étaient l'apanage de la princesse indienne devenue
madame Dupleix, et c'est à titre de propriété privée
qu'on a pu conserver à la France cette possession,
alors que les autres étaient cédées à l'Angleterre.

Au point de vue colonial, Pondichéry est un souvenir glorieux, rien de plus; son importance commerciale est nulle et ne peut être développée tant à
cause de l'exiguïté du territoire que par suite de
l'absence de port. Pendant toute la mousson du
nord-est, c'est-à-dire durant quatre mois au moins,
la rade n'est pas tenable, et les navires doivent toujours être sous vapeur et prêts à appareiller pour
éviter d'être jetés à la côte. De plus, une barre la
sépare de la haute mer et offre des dangers sérieux
aux barques qui font le service entre la ville et la
rade.

Mais si cette colonie est sans avenir, d'un autre
côté elle ne cause aucun embarras; la population en
est douce et facile à mener, car l'Indien n'a aucun
des défauts du nègre, et cette ville ne possède pas

de mulâtres, cette plaie des Antilles et de Bourbon.

Quant aux dépenses, elles sont couvertes et au delà par la redevance que le gouvernement anglais paye au gouvernement français pour qu'il interdise dans ses possessions l'exportation de l'opium.

La domination française aux Indes, quoique de courte durée, a laissé des souvenirs presque impérissables ; et naturellement c'est à Pondichéry qu'on peut le mieux s'en apercevoir. La population de cette province a un cachet tout particulier, qu'on ne retrouve nulle part ailleurs aux Indes, sauf à Chandernagor et un peu à Madras. Cependant les familles françaises sont rares à Pondichéry, et la société de la colonie se compose presque exclusivement des fonctionnaires. Autrefois, ce personnel était plus nombreux et plus complet, la cour de Pondichéry étant, avant la création de celle de Saïgon, le seul tribunal d'appel de toute l'Asie.

Aujourd'hui les maisons sont inhabitées, les rues désertes, et les vinaigrettes à bras, sorte de chaises à porteurs remplaçant les fiacres, attendent vainement des amateurs.

La population indigène, sauf les exceptions chrétiennes, est attachée exclusivement au culte de Brahma ; on n'y trouve aucun élément bouddhiste ou musulman.

Nulle part le préjugé des castes n'est aussi enraciné, ni le brahmine plus respecté. La séparation avec les parias est si irrévocable que le christianisme lui-même n'a pas pu l'abattre complétement. Dans les églises, deux nefs séparées par une muraille, et généralement ayant leur entrée dans des rues différentes, reçoivent les fidèles; dans l'une vont les parias, dans l'autre les gens de castes et les Européens; les jours de fête, deux prêtres donnent simultanément la communion, et afin qu'aucune confusion ne soit possible, le même vase est toujours réservé aux dévotions des parias.

On se demande comment la religion du Christ, dont la base est la charité et l'égalité, a pu laisser subsister une pareille coutume. La raison que l'on donne est spécieuse : rompre ouvertement avec le préjugé des castes, c'est ou une révolution ou un scandale ; le nombre des convertis n'étant pas assez nombreux pour imposer cette réforme, ce ne serait pas une révolution, il ne resterait qu'un scandale inutile, ne servant à personne et éloignant les néophytes. Quant aux chrétiens, s'ils sont séparés publiquement, ils n'ont, dit-on, au fond du cœur pour leurs frères parias que commisération et amour charitable.

N'importe, il paraît bizarre de prêcher l'égalité devant Dieu et de ne pas avoir le courage de commencer par la mettre en pratique dans sa propre maison, et il est curieux d'observer que le christianisme, qui cependant rend les hommes bien moins fanatiques que le brahmanisme ou le mahométisme, soit l'objet de luttes acharnées, dès qu'on essaye de l'introduire en Asie. Cela tient sans doute à ce que cette doctrine religieuse s'est surtout développée parmi les Occidentaux, dont l'esprit positif et logique est en horreur aux Asiatiques, qui ne comprennent les questions philosophiques qu'autant qu'elles restent assez obscures pour que chacun puisse y trouver ce qu'il y cherche.

En fait d'art industriel, on travaille à Pondichéry les métaux précieux, et l'on nous a montré des bijoux d'un goût exquis et d'un travail très-fin; c'est surtout le filigrane d'or et d'argent dont les orfévres tirent parti.

On fait aussi des peintures sur des feuilles de mica, qui ont au moins le mérite de l'originalité. Je ne sais pas trop à quel usage les Indiens emploient ces feuilles de mica, ni même si elles ont jamais servi à autre chose qu'à faire des albums.

Cependant, à voir l'extension de cette industrie, on serait porté à croire que la curiosité seule ne peut amener une pareille consommation.

A en juger par ce qui précède, les transactions commerciales sont peu importantes à Pondichéry, car il faut que l'industrie y soit morte pour être obligé de signaler comme production du pays quelques bijoux et quelques dessins d'albums. Le principal commerce de la colonie provient des produits du sol; mais comme le territoire est tout petit, le marché de Pondichéry n'est pas bien important, et c'est tout au plus s'il suffit à faire vivre les marchands indigènes. Je penserais volontiers qu'au fond, leur principal bénéfice provient de la contrebande faite à la frontière anglaise.

La rade de Madras n'est pas meilleure que celle de Pondichéry, et la barre en est peut-être même plus dangereuse encore; mais cet inconvénient est moins grave depuis que la ville est reliée à Bombay et à Calcutta par des chemins de fer. Au point de vue administratif, Madras est un centre important, c'est le chef-lieu d'une des trois présidences et la résidence du gouverneur, l'un des plus hauts personnages de l'Inde, sinon le plus haut, après le vice-roi. La ville est grande, les rues larges et bien entretenues ; mais le pittoresque fait absolument défaut, le mouvement est nul, et, sauf dans un marché que nous traversons, nous ne rencontrons d'animation nulle part. Nous visitons un beau parc au milieu duquel se trouve une collection d'animaux vivants assez intéressante. Ni le feuillage des arbres ni la verdure des gazons ne parviennent à adoucir le ton d'ocre rouge dont le sol est imprégné et qui donne mal aux yeux tant il est vif et cru. Les habitations anglaises sont bâties en briques rouges et dans le goût saxon, c'est-à-dire aussi éloignées et

séparées que possible les unes des autres, ce qui
ajoute encore à la tristesse du coup d'œil.

C'est dimanche ; toute la ville d'affaires est fermée ;
nous ne pouvons donc pas nous rendre compte si
les rues occupées par les comptoirs et les bureaux
des négociants et des courtiers offrent plus d'animation ; ce que j'ai vu dans le reste du pays m'en fait
douter. Aux Indes comme en Chine, comme dans
toutes les colonies anglaises, les affaires se font par
intermédiaires ; l'Anglais se tient dans son « office »,
pliant sous le faix d'une correspondance dont on n'a
nulle idée en France ; sous prétexte qu'il est un
gentleman, un *merchant*, et non un *store keeper*,
il se refuse à descendre de son piédestal pour s'occuper de certains détails pratiques qui simplifie-
raient sa besogne. Le marchand anglais ne saurait
s'abaisser jusqu'à travailler devant un indigène ; il
croirait perdre sa dignité, et avec elle son prestige ;
et, pour éviter de compter lui-même des ballots, il se
noie dans des flots d'encre.

La première chose qui frappe aux Indes, c'est
l'abus des paperasses ; je ne crois pas qu'à Byzance
même on ait jamais compliqué davantage la
moindre chose. Depuis le dernier commis jusqu'au
vice-roi, il n'y a pas un colon anglais qui ne travaille d'arrache-pied à son bureau de huit heures du
matin à une heure, et de deux heures de l'après-
midi à cinq heures, sans compter les *mail day,*

c'est-à-dire les jours de départ des steamers pour l'Europe, où généralement on passe toute la nuit à écrire.

L'Anglais a la maladie du *blue book*, ou rapport imprimé ; l'administration en inonde le pays, et chaque compagnie industrielle, chaque société de commerce ne se fait pas faute d'y ajouter les siens, sans compter les monographies scientifiques dont le goût est venu de l'Allemagne. On ne peut entrer dans une maison sans franchir des piles de ces publications dont la forme est si connue, et si l'on jette un regard sur la couverture, on reste confondu en lisant par exemple : 19th *Blue Book on the yunan outrage*.

De toutes les déceptions qu'un voyageur puisse éprouver, Calcutta est une des plus grandes Après avoir remonté cet interminable Hoogly, l'un des fleuves les plus odieux que l'on puisse imaginer, avec ses eaux jaunes et sablonneuses, et ses côtes plates et à peine visibles, on passe d'abord devant une île couverte de broussailles et servant de repaire aux bêtes féroces, à ce point qu'on l'appelle l'île des tigres. En général, c'est le moment critique, et il est rare que les bâtiments ne s'échouent pas plus ou moins sur des bancs de sable. Pour notre part, nous y sommes restés cinq ou six heures, ce qui fait que nous ne sommes arrivés à Calcutta que vers le coucher du soleil, juste à temps pour voir le palais du roi d'Oude, assez pauvre bâtisse d'un goût plus que douteux; et nous avons stoppé en pleine rivière en face du *warf* des messageries, situé en dehors de la ville. Cet endroit a une célébrité locale due à la présence d'un des plus gros multipliants connus; mais le voyage qu'il faut faire pour gagner la ville compense outre mesure le plaisir de voir cet arbre gigantesque. Il faut d'abord traverser des faubourgs infects composés de huttes en feuilles de palmier entremêlées de quelques rares et misérables constructions en briques; on arrive ensuite à cet énorme Meidan, espèce de champ de Mars mal entretenu et montrant à l'œil ennuyé du passant ce mélange de gazon étique et de terre battue qui est le propre des lieux déshérités des soins d'un jardinier. Enfin l'on passe devant le palais du vice-roi, monument n'appartenant à aucune école, excepté à celle des pâtissiers décorateurs; c'est un amas de maçonnerie difficile à décrire. Presque en face se trouve l'hôtel où nous descendons et qu'on nous dit être le plus important de la ville.

L'hospitalité est tellement dans les mœurs angloindiennes qu'il est rare qu'un voyageur soit obligé de descendre à l'hôtel, et il suffit d'avoir le malheur de mettre le pied dans un de ces établissements pour s'en apercevoir : je ne crois pas qu'il y ait une misérable ville de la basse Hongrie, le pays renommé des mauvaises auberges, où l'on soit aussi mal que dans le meilleur hôtel de Calcutta. Nous arrivons tard ; on nous montre nos chambres, qui sont détestables, et nous parvenons, après quelques difficultés que nous attribuons aux embarras d'une arrivée au milieu de la nuit, à réunir ceux de nos bagages dont nous avions le plus besoin. Mais le lendemain matin nous avons beau sonner, personne ne vient ; impatientés, nous sortons sous la véranda, où nous trouvons une nuée d'Indiens étendus par terre dans les poses les plus pittoresques et restant parfaitement indifférents à notre appel. On nous apprit que c'étaient des domestiques qui attendaient des places, chaque voyageur étant obligé, même pour quelques jours, de prendre toute une maison s'il veut être servi, tel homme ne touchant pas l'eau qui le rendrait impur, et tel autre ne pouvant approcher votre personne, sa présence étant indigne.

Ces individus s'expriment mal en anglais, tous les étrangers établis aux Indes parlant l'hindostani. Cependant, à l'aide d'un baragouin composé d'anglais, de français et de quelques mots portugais, on parvient à se faire comprendre. Nous en arrêtons plusieurs à notre service, après avoir parcouru des yeux les certificats qu'ils nous montraient, certificats qui nous eussent empêchés de les prendre s'il ne s'était pas agi simplement de domestiques d'auberge. Il est impossible de lire quelque chose de plus écœurant que l'énumération des qualités de ces vauriens, qui cependant ne sourcillent pas pendant cette lecture.

Il faut qu'ils aient perdu toute dignité ou, ce qui est plus en rapport avec le caractère asiatique, qu'ils aient un tel mépris des Européens que, vis-à-vis d'eux, ils soient à l'abri de toute honte.

Ce qui frappe l'étranger, dès qu'il met le pied aux Indes, c'est le mépris de l'indigène pour ses maîtres.

Les Anglais ont bien des esclaves, mais n'ont ni amis ni sujets; leur domination est solide, parce qu'ils sont énergiques, que leur force militaire est écrasante, leur police bien faite et innombrable, leur administration capable et intelligente, et que, d'un autre côté, l'Indien est contemplatif et passif. Ses besoins sont insignifiants, et dans le nord il a subi pendant des siècles le joug musulman, qui est le plus dur de tous. Mais au fond l'Indien hait l'Anglais qui mange du bœuf, qui met des bateaux à vapeur sur ses fleuves sacrés, qui a réglementé l'incinération des cadavres, et établi des lois contre les pratiques religieuses les plus invétérées.

Jusqu'à présent, les divers conquérants de l'Inde avaient plus ou moins subi le joug des vaincus, en ce sens que si leur arrivée avait été signalée par des boucheries abominables, à peine étaient-ils installés que, pour mieux jouir de cette civilisation enivrante, ils s'empressaient d'en adopter tous les raffinements; les maîtres changeaient de nom, mais les choses res-

taient les mêmes; que ce fût un descendant d'A-
lexandre, de Gengiskhan ou de Mahmoud qui com-
mandât à Delhi, il y régnait en Maharajah et non en
Grec, en Mongol ou en Turc.

Dans les temps modernes, les Portugais ont été
absorbés, et sont dégénérés en sorte de parias; les
Français auraient subi le même sort si leur domination se fût prolongée; les Anglais seuls, par leurs
défauts plutôt que par leurs qualités, sont restés eux-
mêmes. La force est entre leurs mains; ils en abusent
parfois. L'Indien, habitué à ces excès chez ses maîtres
ne s'en plaint pas; mais ce qu'il subit avec
moins de résignation, c'est d'avoir un maître dont il
méprise les croyances et les habitudes, et qui cependant y reste et y restera toujours fidèle. Les haines
s'accumulent, remplissent son cœur; survienne un
incident insignifiant, imprévu comme celui auquel
on attribue la dernière rebellion, et en un clin d'œil
la révolte sera générale. L'Indien se prépare sans
cesse pour cet instant; l'Anglais le sait, se méfie,
et au moindre indice prend les devants et bat
l'ennemi avant qu'il soit rassemblé.

Dire que cette lutte de tous les instants soit sans
gloire ou sans attrait, ce serait mal connaître le
cœur humain; seulement, pour être bon juge, il faut
être impartial et ne pas être décidé à l'avance à admirer tout ce que font les *habits rouges,* et à déni-
grer toujours et quand même les Indiens, et encore

moins à traiter de sauvages, de cannibales, de voleurs les pauvres Anglais, qui au fond ne sont pas un contre mille, ce qui prouve une certaine bravoure, ni se faire l'admirateur passionné et de mauvaise foi de toutes les turpitudes indiennes, et préférer, par haine du christianisme, les inepties bouddhistes ou *brahmaniques* aux préceptes de l'Évangile.

Le voyageur qui va aux Indes pour s'instruire, et qui n'est ni Anglais, ni marchand, ni savant rivé à une école, et qui, par conséquent, arrive libre de tout parti pris, trouvera un intérêt constant à suivre les agissements de ces deux sociétés qui vivent côte à côte, mais dans un état de lutte perpétuelle. La première remarque qu'il fera, c'est que l'administration connue sous le nom de *civil service* contient plus d'hommes distingués qu'aucun autre état-major au monde. Cela tient à deux causes : l'élévation des salaires qui est sans égale, puisque, après vingt années de service ou vingt-cinq, on se retire avec une pension rarement inférieure à vingt-cinq mille francs et très-souvent supérieure ; d'autre part, les hauts emplois ne sont jamais conférés pour plus de cinq années, ce qui permet à tous d'y aspirer et surtout ce qui empêche d'être trop longtemps l'objet d'une question de personne en bien ou en mal. L'Angleterre peut être fière à juste titre de ces fonctionnaires qui lui rendent des services exceptionnels.

Ceci posé, il faut bien avouer que les mœurs anglaises aux Indes sont odieuses et bien faites pour exciter la haine contre leurs auteurs et leurs sectateurs ; nulle part le protestantisme n'est plus rogue, plus hautain, plus exclusif, plus hypocrite. Il semble qu'en face de cette exubérance de la nature, de cette végétation dont la séve est inépuisable, de ces fleurs aux senteurs pénétrantes, de ces fruits aux saveurs étranges, de ces oiseaux habillés des couleurs les plus merveilleuses ; en un mot, de cette vie bouillonnante, on devrait oublier le formalisme né dans les climats froids, où la vie est une lutte perpétuelle, où il faut combattre pour nourrir, vêtir, chauffer, loger sa famille, et enfin où la moindre fantaisie et le moindre écart entraînent la ruine et souvent le déshonneur.

La société anglaise aux Indes ne l'entend pas ainsi : il faut vivre à Calcutta ou à Delhi comme on vivrait à Londres ou dans le Yorkshire, et plus on va, plus on devient rigide. Il y a quelques années, on pouvait aller dîner partout avec une veste de batiste blanche qui avait au moins le mérite d'être agréable à porter, et j'ajouterai, agréable à voir ; maintenant, ce n'est plus permis et l'on dîne soit en uniforme, soit en habit noir, tout comme à Londres.

L'Anglais met son amour-propre à être et à rester Anglais, et il n'y a pour lui ni lieu ni circonstance qui tienne ; sa santé elle-même ne l'empêchera pas de faire comme tout le monde. Il se lève d'assez bonne heure, monte à cheval, rentre vers les sept heures, prend son bain et son déjeuner, va à ses affaires, *redéjeune* à une heure, retourne à son bureau jusqu'à quatre ou cinq, va se promener en voiture découverte ou se livrer à un sport quelconque, *polo, cricket* ou *rowing,* dîne en grande toilette à huit heures, boit jusqu'à neuf heures, se couche à dix et recommence le lendemain, sauf le dimanche, où le prêche remplace le bureau et où, pour tuer le temps, on mange et surtout on boit un peu plus longuement.

L'eau de Seltz et l'eau-de-vie sont la boisson favorite ; mais comme elle est funeste dans les climats chauds, on l'a surnommée *a peg* (c'est le nom d'un clou particulier avec lequel on scelle les cercueils en Angleterre), et chacun d'offrir ou d'accepter gaiement un *peg*. Une autre plaisanterie non moins funèbre est celle-ci : les Anglais, dans leur manie d'abréviation, remplacent par des initiales certains titres trop longs ; ainsi *k. c. b.* (prononcez *ke, ci, bi*) veut dire *knight, commander of the Bath,* commandeur de l'ordre du Bain ; quand on parle d'un homme ayant l'habitude de boire, on ajoute, pour le distinguer des autres Smith ou Dickson, *d. t. (di, ti),* *delirium tremens.*

Jamais l'Anglais ne consent à parler une langue étrangère, et quand il est absolument obligé de le faire, c'est de si mauvaise grâce qu'il vaudrait autant qu'il s'abstînt. En France, nous faisons tout par engouement, et nous dépassons toujours le but. Au commencement du siècle, fier d'avoir parcouru l'Europe en vainqueur, le Français se refusait à parler les langues étrangères : ce fut un tort ; depuis nos malheurs de 1870, nous sommes tombés dans un autre excès : on apprend aux enfants à baragouiner l'allemand ou l'anglais au détriment du français, et il n'est question de rien moins que de restreindre dans les collèges l'enseignement du latin aux proportions d'un art d'agrément. Les Anglais font le contraire. Autrefois les langues vivantes faisaient l'objet principal de l'éducation d'un gentleman ; mais on a cru s'apercevoir en Angleterre que l'esprit de nationalité s'émoussait par cette manière de faire, et que l'Anglais devenait en quelque sorte trop cosmopolite ; une réaction s'opéra, et aujourd'hui, sauf les langues de l'Inde, il est à peu près impossible de rencontrer un Anglais qui sache ou consente à parler autre chose que l'anglais, même en présence d'un hôte qui ignore cet idiome.

Il n'y a absolument rien à voir à Calcutta. Cette ville de palais, dont les splendeurs se confondent dans l'imagination avec un rêve des *Mille et une nuits,* est tout bonnement une grande bourgade avec des rues larges, mais mal entretenues, avec des maisons éloignées les unes des autres et séparées par

dés jardins dont on aperçoit seulement la cime des
arbres; les monuments sont hideux et d'un goût
révoltant; quant aux quartiers commerçants, à la
city de Calcutta, ce sont des bouges.

On nous montra un des fours où l'on brûle les
cadavres, un étang rempli de poissons et de crocodiles sacrés; on nous fit visiter une filature, assister
à une représentation de *Don Pasquale* et à une
d'*Hamlet;* on nous promena en voiture découverte
sur les bords du Gange, au milieu des élégantes; on
nous fit traverser le fort William, on nous donna
force diners et *lunch,* et Calcutta n'eut plus rien à
nous offrir comme distraction. J'oubliais une visite
très-intéressante aux baraquements où s'organise
l'émigration pour les Antilles et Bourbon; il est
impossible de voir quelque chose de mieux réglé et
offrant plus de garantie contre la traite déguisée qui
se pratique sur les côtes de la Chine et du Tonquin.

Nous étions invités à rejoindre le vice-roi, qui tenait sa cour à Agra; ce fut donc sans regret que nous
prîmes le chemin de fer, qui devait nous faire traverser la plus grande partie de l'Inde septentrionale.
Le climat est tellement chaud qu'il a fallu changer
complétement la construction des wagons; ceux
dont on se sert en Europe eussent été intolérables.
Les portières sont garnies de glaces fumées, afin de
tamiser la lumière insupportable pour les yeux, et
haque voiture est munie d'un cabinet de toilette,

où l'on peut se débarrasser de la poussière fine, pénétrante et brûlante dont on est couvert. Malgré ces précautions, le voyage est très-fatigant, et il n'est pas rare, surtout pendant les mois de grande chaleur, que des voyageurs meurent suffoqués par cette atmosphère torride. Le pays que l'on traverse est superbe; rien de plus beau que ces bois de manguiers qui de loin ont un peu l'apparence des grandes châtaigneraies du centre de la France.

La première grande ville où nous arrivons est Allahabad; le train s'arrêtant une heure, nous en profitons pour jeter un coup d'œil sur les ruines de cette capitale de l'islam indien; l'architecture en est tout à fait persane.

Après un voyage de deux nuits et d'un jour, nous arrivons à Agra. Le vice-roi avait établi son camp en dehors de la ville, et tenait là ses états avec toute la splendeur que comportaient les circonstances; c'est ce qu'on appelle aux Indes un durbhar. Tous les rajahs des environs, sujets ou protégés anglais, viennent saluer le représentant de la reine et conférer avec lui des affaires de leurs provinces. Des deux parts, on tient à honneur de faire un grand étalage de luxe; c'est un ruissellement de pierreries et d'étoffes précieuses aux couleurs éclatantes, une procession d'éléphants caparaçonnés et de voitures à quatre chevaux. Le vice-roi, entouré d'un nombreux état-major, rehaussé par la présence de tous les personnages importants de l'administration anglaise, tient une cour plénière, où les fêtes se succèdent sans intervalle. Pour donner une idée de l'animation extraordinaire qui règne dans ce campement, il suffide constater que nous étions soixante-dix Européens invités à la table du vice-roi et établis sous ses tentes.

Agra est une ville merveilleuse au point de vue de ses monuments, et la forteresse et le Tadj ne sont pas au-dessous de leur réputation. À l'occasion de la visite du vice-roi, on avait illuminé ces monuments à la lumière électrique; c'était féerique, et jamais les mosaïques n'ont été mieux mises en relief que par cette lumière blanche et violente. La fête se termina par un feu d'artifice tiré de l'autre côté de la Djemnah et par une illumination du fleuve. Je recommande cette dernière aux entrepreneurs de fêtes publiques; à un moment donné on lança sur le fleuve une quantité innombrable de petits paniers contenant chacun un lampion allumé. Le courant entraînait ces paniers, et sur une étendue de quelques centaines de mètres, on aurait cru voir passer une véritable flotte.

De même qu'à Allahabab, les monuments d'Agra appartiennent à l'art persan. Cependant, dans cette dernière ville, l'art indien se retrouve dans les mosaïques dont sont décorés les tombeaux du Tadj. Des bibliothèques entières ont été écrites sur ces monuments dont les plus petits détails ont fait l'objet de nombreuses monographies; il est donc inutile de s'étendre sur ce sujet; il vaut mieux s'occuper de choses plus nouvelles.

Les prisons par exemple. Avec cette immense population des Indes, les crimes et les vols sont fréquents, et l'organisation des maisons de détention était un problème d'autant plus difficile à résoudre qu'il fallait éviter deux écueils : la cruauté ou la trop grande indulgence. Les Indiens vivent de peu ; leurs habitudes sont si simples, j'entends dans le peuple, qu'il était difficile de les traiter aussi mal en prison qu'ils le sont chez eux, et le régime qu'on leur imposait, quelque dur qu'il fût, était un bien-être relatif et par conséquent cessait d'être un châtiment dont la perspective pût arrêter les mauvais instincts. D'autre part, ne pas accorder ce strict nécessaire, c'était une barbarie indigne d'un gouvernement civilisé.

Un biais heureux a été trouvé, celui du travail, qui répugne à l'Indien, et qui constitue à ses yeux le véritable châtiment. On força les prisonniers à travailler, soit dans les imprimeries qui servent à publier les innombrables documents officiels, soit à tisser la toile dont on les habille, soit à faire des tapis; ce sont ces derniers, que l'administration livre à un bon marché étonnant, qui encombrent tous les magasins de Londres et de Paris, et font par la modicité de leur prix l'étonnement de tous ceux qui

ont voyagé en Orient. Quant aux prisonniers dangereux, ils ne quittent pas la camisole de force.

Le directeur du bagne d'Agra nous disait qu'il
n'était pas rare de voir des criminels ramenés au bien
par le travail, et qu'il considérait la moralisation des
condamnés indiens plus facile à obtenir que celle
des forçats européens. Le vice est moins enraciné et
la dégradation moins complète. Il faut ajouter qu'au
milieu d'une population aussi dense que celle des
Indes, le forçat libéré, n'étant pas autant en vue que
dans nos sociétés, peut plus facilement cacher ses
antécédents, et par conséquent échapper à cet ostra-
cisme si cruel et pourtant si naturel qui fait qu'en
Europe, un homme qui a été au bagne est en quelque
sorte jeté hors de la société, et condamné au crime
faute de pouvoir gagner son pain autrement.

Les Anglais ont porté leurs soins sur différentes
branches de l'administration, et ce n'est pas seulement dans le système pénitencier qu'on doit signaler
les résultats qu'ils ont obtenus.

Ainsi, dans les quelques excursions qu'on nous
fit faire aux environs d'Agra, nous pûmes admirer
l'organisation des maisons de poste bâties pour
servir de refuge aux voyageurs. Toutes les cinq lieues
environ, le gouvernement a fait élever un *bungalow*
de trois ou quatre chambres, où, pour une somme
fixée d'avance, le voyageur trouve un gîte propre et
relativement confortable. En partant, il met son nom

sur un livre, en ajoutant la somme qu'il a payée; ce contrôle suffit pour arrêter les exactions des gardiens, et cette institution rend d'utiles services; sans elle, il serait impossible de voyager dans l'intérieur, où les chemins de fer n'ont pas encore pénétré.

D'Agra à Delhi, la distance n'est pas longue, et il suffit de quelques heures pour la parcourir. L'administration des chemins de fer avait eu l'obligeance, sur la recommandation du vice-roi, de mettre à notre disposition le même wagon pour toute la durée de notre voyage; de telle sorte que nous nous retrouvions pour ainsi dire chez nous, et laissions dans les voitures les bagages inutiles. Nous aurions presque pu ne pas descendre dans une auberge et garder notre wagon comme gîte. Cependant nous préférâmes nous établir dans un petit hôtel tenu par des musulmans d'origine persane, situé au centre de la ville.

Delhi offre deux genres d'attraits : les monuments de l'époque musulmane et les souvenirs de la terrible révolte des cipayes, dont M. de Valbezen a fait un récit si véridique et si dramatique à la fois.

Je ne crois pas qu'il existe, même à Damas et à Ispahan, quelque chose d'aussi complet en fait d'art musulman que le palais du Grand Mogol à Delhi. Nulle part les matières précieuses n'ont été employées avec une pareille prodigalité; les mosaïques qui décorent les salles de ce palais sont d'une richesse et d'un fini merveilleux; on dirait de véritables pièces d'orfévrerie. On peut passer des semaines entières à relever les dessins de ces arabesques sans jamais retrouver les mêmes. Les bains surtout sont d'un luxe inouï, ainsi que les coffrets qui contiennent certaines reliques musulmanes.

Quant aux traces de la terrible lutte qui a amené la chute définitive de l'empire de Delhi, elles sont partout, et en examinant les lieux, on est rempli d'admiration pour le courage et l'habileté dont les Anglais ont fait preuve dans cette terrible circonstance.

Si les faits étaient plus éloignés de nous, et s'il n'existait pas de nombreux témoins pour les attester, on serait tenté de croire que ce sont des légendes, tant il paraît improbable qu'une poignée d'hommes ait pu réduire une population entière fanatisée de longue date et courant à la mort comme à une fête. Cette page de l'histoire anglaise restera parmi les plus glorieuses des annales de cette nation ; jamais aucun peuple n'a donné une marque plus éclatante de sa supériorité et de son droit de commander aux autres.

Delhi est également un grand centre de fabrication d'étoffes et de bijouteries indiennes. Dès qu'un étranger arrrive, il est assailli par une troupe de *dellal* (on appelle ainsi dans tout l'Orient les courtiers qui apportent à domicile des objets pour les vendre). L'un offre des cachemires unis ou brodés, des gazes, des brocarts tissés d'or et d'argent; l'autre, des bijoux où l'émail et les pierres précieuses alternent avec l'or et les turquoises; un troisième possède des manuscrits persans enrichis de miniatures inimitables. On fait tout déballer, on marchande, on défait des marchés déjà conclus sans pour cela froisser ces industriels, car ils savent qu'ils finiront toujours par vendre quelque chose, et qu'en pareille matière le nouveau venu hésite souvent, avant de se décider entre les objets qu'il a si peu l'habitude de voir en Occident.

Les environs de Delhi, à plusieurs lieues à la ronde, ne sont qu'un amas de ruines, car depuis la plus haute antiquité cette plaine a sans cesse servi de centre à une population nombreuse; seulement, suivant les temps et le moment, la ville s'est plus ou moins éloignée des bords de la Djemnah. Dans une excursion que nous fîmes dans les environs pour visiter une tour célèbre, nous éprouvâmes les effets terribles du soleil des Indes. Nous étant imprudemment amusés après le déjeuner à monter et à descendre les escaliers de cette tour et à mesurer avec la montre le temps nécessaire à cette ascension, je fus pris par le soleil, et l'on me ramena mourant à Delhi, où j'ai payé d'une horrible indigestion l'imprudence d'être resté une demi-heure exposé à ses rayons.

Notre première station après Delhi fut Bénarès, la

ville indienne par excellence. Le voyageur éprouve
souvent des déceptions ; les lieux qu'on lui a recom-
mandés sont au-dessous de leur réputation, et là où
il espérait passer quelques journées remplies d'intérêt, il ne rencontre que des choses vulgaires ou
de mauvais goût ; aussi. n'était-ce pas sans une certaine appréhension que nous attendions cette visite
à Bénarès. Calcutta nous avait semblé odieux, Agra
et Delhi nous avaient montré des villes musulmanes comme nous en avions déjà vu en Perse et
ailleurs. Si Bénarès n'était pas plus original, c'en
était fait du plaisir que nous nous promettions de
visiter l'Inde. Heureusement, cette fois, la renommée
n'était pas mensongère, et Bénarès nous a laissé des
souvenirs aussi profonds qu'agréables.

C'est une de ces villes uniques qui ne ressemblent
à rien, et où tout semble réuni pour éveiller la
curiosité et la satisfaire ; au point de vue pittoresque,
c'est un enchevêtrement de ruelles étroites et tor-
tueuses, la plupart en pente assez rapide pour
exiger de place en place la présence d'escaliers ; on y
rencontre une foule compacte attirée par les innombrables temples, but de pèlerinages vénérés dans
l'Inde entière. Bénarès est la Jérusalem des religions
indiennes ; toutes les divinités de l'Olympe brah-
manique ou bouddhique y ont des autels. Les animaux sacrés circulent au milieu de cette foule, et
traînent leur ennui d'une mangeoire à l'autre ; ce

sont des blasés; la main des fidèles a beau choisir, à leur intention, les herbes les plus fraîches, les plus appétissantes, les fleurs les plus éclatantes, les fruits les plus savoureux, ils passent tristes, ennuyés, et regardent à peine toutes ces bonnes choses que l'éléphant qui nous porte, et qui n'est qu'un vulgaire mortel, essaye en vain d'attraper en étendant sa trompe aussi loin qu'il peut; son cornac le rappelle à la réalité avec un croc en fer qu'il lui enfonce dans l'oreille, et il passe son chemin en poussant un gros soupir de convoitise déçue.

L'eau joue un grand rôle dans les cérémonies du culte indien, et celle du Gange est tout spécialement sacrée; mourir sur les bords du fleuve saint, avoir ses flots pour linceul, tel est le désir de tout bon Indien; aussi le matin une foule compacte se précipite-t-elle vers ces ondes salutaires pour s'y plonger et gagner dans ce bain des mérites qui épargnent des séries d'existences. Pour bien jouir de ce spectacle unique, il faut être au milieu du fleuve. Le gouverneur anglais, l'un des hommes les plus aimables que j'aie rencontrés, nous mena un matin dans une chaloupe à vapeur, d'où nous pouvions suivre tous les détails de cette scène à la fois si étrange et si belle. Les temples et les palais qui bordent le fleuve sacré sont construits sur des terrasses élevées, dont les gradins de marbre et d'albâtre descendent jusque dans l'eau. Aussitôt que le soleil se lève, une foule immense les encombre ; chacun veut arriver jusqu'au fleuve, s'y plonger, y laver ses vêtements, et en quelque sorte s'imprégner de sa sainteté. L'or et les couleurs éclatantes qui recouvrent les monuments brillent de mille feux sous les rayons d'un soleil oblique ; le bruit des voix humaines et des instruments se confond dans l'espace et nous arrive à l'état de murmure. C'est bien là l'Inde que nous avions rêvée, et non pas celle que nous avions vue à Calcutta, à Delhi, à Agra, mélange d'islam, de Perse et de Manchester, où les calèches à la Daumont, conduites par des Indiens en bottes à revers, et renfermant des femmes coiffées de la dernière *création* de M. Félix, coudoient un rajah habillé de vêtements taillés à l'européenne et fumant languissamment une cigarette, qu'il trouve détestable, mais qui lui donne l'air civilisé, et qui, à peine rentré chez lui, profitera du secret du harem pour dépouiller tous ces oripeaux et jeter au loin ces bottines, dont les bagues qu'il porte aux doigts de pied rendent l'usage intolérable.

On ne saurait croire à quelles aberrations de goût ces malheureux princes indiens peuvent se laisser aller du moment où ils abandonnent les coutumes nationales. J'en ai vu un qui teignait sa barbe en rouge, quand il avait des rubis, et en vert quand sa parure se composait d'émeraudes, et qui paraissait enchanté de cette invention.

A Bénarès, rien de pareil ; on y vient pour faire son

salut, et comme, dans tous les pays, les coutumes nationales se confondent avec les pratiques du culte, et la plupart du temps deviennent pour les ignorants la religion elle-même, l'Indien à Bénarès redevient l'Indien des siècles passés.

Il y a à Bénarès des temples de toutes les sortes, et la métempsycose y trône d'une façon absolue; ce sont non-seulement les vaches sacrées qui se promènent dans les rues et que chacun tient à honneur de nourrir; mais les éléphants, les singes, les crocodiles ont aussi leurs sanctuaires. Les singes habitent un grand parc aux ombrages profonds, les fruits les plus rares sont en profusion à leur disposition, leur vie semble n'être qu'une gambade perpétuelle; mais, comme l'homme, le singe aime surtout le fruit défendu; aussi les singes sacrés, dédaignant les offrandes des fidèles, préfèrent escalader les murs de leur palais et se livrer à la maraude dans les maisons voisines.

On prétend que les insectes eux-mêmes ont des lieux de refuge, et qu'on entretient des chiens destinés à passer quelques heures dans leur société; mais comme on ne nous a pas fait voir le fait, nous sommes en droit de croire que ce n'est qu'une légende.

Il existe à Bénarès deux rajahs, celui qui gouverne la ville, et dont le palais, élevé sur l'autre rive du Gange, dans la plus belle situation du monde, contient pêle-mêle les objets d'art du plus grand prix et des bibelots dignes de la foire de Saint-Cloud, et le maharajah d'une autre province, qui passe pour l'Indien le plus civilisé et le plus instruit de l'Inde; c'est un des plus grands personnages de l'Empire, et son attachement inaltérable aux Anglais l'a rendu si célèbre qu'on ne l'appelle jamais que le maharajah tout court, sans ajouter le nom de sa principauté. Pendant la dernière rébellion il a rendu d'immenses services, en s'efforçant de calmer les esprits, de faire comprendre aux populations encore hésitantes que la lutte était inégale, et que, quels que fussent les succès des insurgés au début, ils finiraient par être écrasés, que c'était fatal, et qu'en les rejoignant, le seul résultat serait de perdre ses biens et probablement la vie.

Nous fîmes une visite à ce personnage, qui parle anglais et nous reçut de la façon la plus aimable; il nous montra tous les présents que lui ont faits les princes d'Angleterre et qu'il garde comme des reliques.

Cette promenade rapide à travers les Indes ne peut s'appeler un voyage; à peine avons-nous pu recueillir quelques impressions. Sans contredit, le pays est admirable et renferme des beautés de premier ordre ; la végétation y est superbe et bien supérieure, à mon avis du moins, à celle de Ceylan et des îles du détroit de Malacca ; le cocotier, sans être rare, n'est pas par-

tout comme à Pointe de Galles, et les forêts de manguiers et de tamariniers sont superbes d'aspect; ce
sont d'immenses arbres séparés les uns des autres;
leurs troncs ne sont pas embarrassés de lianes; l'air
circule sous leur ombre; en un mot, ce sont de magnifiques futaies. La terre n'a pas cette teinte uniformé-
ment verte si ennuyeuse, et le ton d'ocre des routes
et des terres en jachère vient donner au paysage un
ton chaud et fauve qui le rend des plus majestueux.
Les huttes qui composent les villages sont très-misé-
rables, mais d'une poétique mélancolie dont rien ne
peut donner l'idée, vers le soir surtout, lorsque,
lassé d'une longue journée de travail, le coolie allume
suivant l'usage de sa secte, le feu qui doit cuire sa
maigre pitance. La fumée s'élève droite et blanche;
mais l'atmosphère est si épaisse qu'elle a peine à
se dissiper, et bientôt elle s'étend en parasol et semble
attendre immobile la fin de l'acte religieux auquel
elle préside. C'est le signal du repos; les poules
grimpent dans les arbres voisins; les paons s'appellent de leur cri rauque et guttural; le pigeon vert
roucoule à sa maitresse une dernière romance interrompue par le bavardage vulgaire d'une bande de
perruches qui vient s'abattre dans un multipliant et
prolonge plus qu'on ne le désirerait ce commérage
criard. Puis tout s'éteint, la fumée s'envole, et le
silence le plus absolu règne dans cette nature; de
temps en temps le cri des bêtes féroces vient, comme

le « Garde à vous ! » des sentinelles perdues, rappeler à la réalité ; et l'Indien ravive son feu, seule défense qu'il sache opposer à la visite de ces hôtes terribles.

Les fleuves de l'Inde ont également un cachet particulier. Moins puissants que leurs frères de Chine et d'Amérique ; ils n'ont cependant rien de commun avec nos ruisseaux européens ; ils écoulent leurs eaux tranquilles au milieu de cette admirable nature et semblent se complaire dans la vénération dont ils sont l'objet. Le paysage indien est grand, calme, imposant ; il a une couleur à lui ; ce n'est ni la lumière éclatante de l'Orient, ni la verdure criarde de l'équateur, ni le ton brumeux de la Chine ; c'est rouge et vert foncé, avec un ciel d'un bleu plombé ; le soleil semble toujours un peu voilé ; il n'en est que plus redoutable.

Quant aux villes, je ne puis admirer celles qui ont été adoptées par les Anglais, ou du moins les quartiers où ils ont établi leurs résidences ; c'est peut-être confortable, mais c'est odieux à l'œil et d'une tristesse mortelle. L'Anglais a, sous certains rapports, les mêmes idées que le Turc. Son *home,* son intérieur doit être à l'abri des regards indiscrets du voisin ; il déteste habiter une maison dont il n'est pas l'unique locataire ; mais cette solitude ne lui suffit pas encore ; il aime un cottage (prononcez aux Indes *bungalow*) caché au milieu d'un jardin entouré de murailles élevées ; il n'est pas jaloux ;

cependant sa maison est une sorte de harem dont il défend l'entrée à tout regard indiscret.

Un long séjour aux Indes doit être des plus intéressants; la vie entière ne suffirait pas à épuiser la matière; car cette immense contrée renferme de tout; c'est une des grandes cuves où fermente l'esprit humain. La métaphysique a là un de ses plus grands centres; les systèmes les plus étranges, les plus disparates, y germent pendant des générations, et quand le fruit est mûr, quand la pensée a trouvé sa formule elle est portée aux quatre coins de l'Asie par les derviches, ces grands propagateurs qui vont droit devant eux, dirigés par une main inconnue, sans se rendre compte de leur mission, semblables à ces oiseaux qui portent d'une contrée à l'autre des graines d'arbres et de plantes.

On a immensément écrit sur l'Inde, et pourtant c'est à peine si l'on connaît l'A B C de cette société, probablement la plus anciennement civilisée; mais dans cette chaleur étouffante, le cerveau est tellement surexcité que l'imagination prend le dessus sur la raison, et qu'à peine éclose, une vérité périt sous la légende. Les pierres précieuses, les palais de cristal, les bêtes parlantes, les génies, les peintures lascives forment une sauce si forte qu'elle étouffe le goût de l'aliment principal et le rend méconnaissable au palais le plus exercé.

Prenons pour exemple le bouddhisme. Le créateur

de cette théorie religieuse avait pour but unique
d'attaquer le brahmanisme et d'essayer sinon de
détruire, au moins d'atténuer les souffrances que
cette doctrine imposait aux classes inférieures; c'est
à cette occasion que le grand mot de charité fut
prononcé pour la première fois. Le bouddha prêchait
l'amour du prochain, le renoncement aux jouissances d'ici-bas, et promettait une récompense éternelle en échange des mérites acquis par une vie
vertueuse. Paria ou brahmine, chatria ou çoudra,
tous pouvaient faire leur salut; plus de distinction
entre les castes, plus d'impureté, mais une union
dans la prière et les bonnes œuvres.

A peine née, il fallut une histoire à cette conception philosophique, et tout à coup une nuée de
légendes sortit du cerveau de tous les écrivains indiens, si bien que quoiqu'il s'agisse d'un événement relativement moderne, puisqu'il n'est guère
antérieur à Périclès, il est à peu près impossible de
démêler cet écheveau, et l'on en est réduit à des
conjectures plus ou moins plausibles sur le lieu,
l'époque et même la personne de ce réformateur,
dont l'influence ne saurait être mise en doute. Ce
fut une révolution immense. Il suffit pour s'en convaincre de regarder les vestiges de temples, de
sanctuaires, de tombeaux, de monastères qui couvrent l'Inde, et de parcourir le catalogue de l'innombrable littérature inspirée par cette religion.

Jusqu'à présent, la critique scientifique n'est parvenue à démêler que quelques traits positifs de cette histoire. Il paraît admis que le bouddha était un prince vivant cinq cent cinquante ans avant Jésus-Christ, qu'il s'appelait Çakia-mouni, et que son père régnait sur des contrées situées entre l'Himalaya et le Gange ; qu'il commença à vivre comme tout le monde, mais qu'une fois illuminé par sa mission divine, il mena la vie de cénobite et d'ascète, et que lorsqu'il mourut, ses théories étaient déjà admises par de nombreux adeptes. D'après ce qui précède, on se fait une idée parfaitement nette de la situation. La population des Indes était divisée en castes ; les premières armées du pouvoir civil et du pouvoir religieux en profitaient pour opprimer les autres et leur imposer les charges les plus lourdes, tout en leur refusant la moindre satisfaction ; survint un philosophe qui réclama contre cet état de choses, et prit en main la cause des opprimés. Sans doute, il était beau, éloquent, entraînant ; ses adhérents s'accrurent en raison de la sécurité que leur donnait le nombre ; ce fut une trainée de poudre. Tous les déshérités, tous les malheureux se raccrochèrent à cette espérance, et la théorie du renoncement absolu aux préoccupations de la vie matérielle, en vue d'acquérir la tranquillité éternelle, devint pour eux une panacée universelle ; l'Occident devait avoir un spectacle à peu près analogue au quatrième siècle de notre ère. Seulement, le bouddhisme, n'ayant aucun frein pour arrêter l'imagination, versa dans l'ornière des légendes du merveilleux et de l'impossible, tandis que le christianisme, maintenu dans la sobre parole des Évangiles par l'esprit à la fois pratique et sublime des pères de l'Église, évita cet écueil et put, une fois l'effervescence des premiers siècles passée, amener l'Occident au point de civilisation auquel nous le voyons.

Au premier abord, on est tenté de rire de la futilité des matières soumises aux conciles et de l'ardeur avec laquelle on disputait sur des pointes d'aiguille; mais, en y réfléchissant de plus près, on voit combien les saint Thomas, les saint Jérôme, les saint Augustin avaient raison d'être vigilants, et de vouloir, *per fas et nefas,* empêcher n'importe quelle nouveauté philosophique de s'introduire dans la théologie; les excès d'ascétisme de la Thébaïde d'une part, et les niaiseries byzantines de l'autre, auraient amené un *imbroglio* tel que le christianisme n'eût jamais pu continuer sa route; comme le bouddhisme, il eût passé à l'état de légende, et, la première ferveur occasionnée par la nouveauté usée, il serait tombé dans la catégorie des systèmes philosophiques, qu'on trouve ingénieux, mais impraticables.

On a beaucoup cherché dans ces derniers temps à établir que le christianisme s'était inspiré du bouddhisme, et que Jésus-Christ n'avait prêché que les doctrines qu'il avait apprises aux Indes ; car on va jusqu'à dire que sa jeunesse s'était écoulée dans ces contrées. La découverte récente des rapports qui existaient entre la Judée et les Indes par les échelles de la mer Rouge démontre d'une façon positive que les idées indiennes ne pouvaient être, à cette époque, une nouveauté pour Jérusalem, puisque déjà Salomon et ses successeurs avaient un commerce régulier avec l'Inde. Il faut se méfier de ces rapprochements, surtout en Orient ; les ressemblances de son ne sont pas suffisantes pour créer des étymologies solides, et je me rappelle avoir lu une dissertation basée sur ce fait qu'un des dieux indiens s'appelle *Jesus*. Il suffirait pour jeter bas ce pamphlet de rappeler que *Jesus* est un mot grec et latin, que le nom hébreu est *Issa,* et que le sanscrit et l'hébreu sont deux langues d'origine et de famille différentes. L'horreur que les Indiens idolâtres ou musulmans ont du christianisme est une preuve que cette doctrine n'a jamais pu être une conséquence de la philosophie et des croyances indiennes.

Ce déréglement d'imagination une fois admis, et en tenant compte de ce prisme à travers lequel les Indiens voient toutes les choses, on s'explique facilement la difficulté qu'éprouvent les Anglais, non-seulement à démêler les croyances des populations qu'ils sont appelés à gouverner, mais encore à faire accepter les idées positives et les règles simples et froides qui servent de base aux gouvernements occidentaux.

La hauteur des Anglais, leur répulsion à se mêler à des populations qu'ils considèrent comme inférieures, leur exclusivisme, ont pu les rendre des maîtres respectés, mais les ont empêchés d'acquérir la popularité.

On peut donc considérer les Anglais comme occupant une situation très-forte, mais on aurait tort de croire que les Indiens soient soumis du fond du cœur à cette domination et n'aient pas l'espérance plus ou moins fondée de reconquérir leur indépendance. Dans l'état actuel des choses, cet espoir n'est qu'un rêve dangereux; toute tentative de révolte aboutirait inévitablement à un désastre; mais ces débauches sanguinaires sont aussi douloureuses pour l'Angleterre que pour l'Inde. Les massacres de Luknow ont jeté l'épouvante, et avec juste raison, de l'autre côté de la Manche. Le gouvernement a donc le devoir d'éviter tout ce qui pourrait donner prétexte à une nouvelle insurrection, et, un grand déploiement de forces étant le système adopté pour arriver à ce but, on doit tout mettre en œuvre pour maintenir ce prestige et convaincre les masses de l'idée que toute résistance est vaine, et que, quoi qu'il arrive, l'Angleterre saura faire respecter son autorité et prévaloir sa politique lorsque son intérêt y sera engagé.

On a beaucoup parlé des musulmans indiens, dont le nombre dépasse soixante millions, et l'on a cherché à démontrer que cette population exerçait sur la politique de l'Angleterre, à Constantinople, une influence déterminante. En posant la question d'une façon aussi affirmative, on dépasse le but; il est certain qu'on a de grandes obligations aux musulmans, dont l'attitude est restée correcte pendant la dernière insurrection et dont la fidélité a évité de grands malheurs; mais croire que cette reconnaissance soit assez forte pour engager la Grande-Bretagne dans une aventure européenne, c'est aller trop loin.

Dans toute l'Asie, la conversation des hommes d'État indigènes roule sans cesse sur la querelle anglo-russe; c'est un sujet inépuisable de conjectures; chacun voudrait profiter de ces dissentiments et en tirer avantage. Il ne s'agit pas de prendre part pour l'une ou l'autre de ces puissances, mais de savoir à quel prix on pourra vendre sa trahison, et surtout embrouiller assez les choses pour forcer ces deux nations qu'on craint et qu'on hait autant l'une que l'autre, à entreprendre une lutte qui, par sa durée, les affaiblisse également. Une de ces fables comme les aiment les Orientaux rend assez bien compte de la situation : « Quand on s'approche d'un puits dans le désert, disent les derviches, on entend toujours un grand bruit c'est un Anglais et un

Russe qui y sont descendus pour s'en disputer la conquête, tandis que le véritable propriétaire essaye dehors de les lapider tous les deux. »

Même vue en courant comme nous l'avons fait, l'Inde offre un spectacle des plus intéressants et des plus variés. Il y en a pour tous les goûts : ceux qui aiment la belle nature trouvent là des paysages admirables, des montagnes comme on n'en voit nulle part, une flore inépuisable et une faune inconnue ; les savants tirent des Indes des matériaux si nombreux que leur vie ne suffirait pas à les cataloguer, et qu'ils doivent cantonner leurs recherches dans un tout petit cercle, s'ils veulent avoir le temps d'arriver à une conclusion ; les philosophes et les hommes politiques ont là également un vaste champ livré à leur investigation. Quant au simple touriste, il s'amusera de ce spectacle bizarre et de cette vie mi-partie anglaise, mi-partie orientale ; il trouvera de superbes chasses et tous les sports qui lui sont chers, depuis le classique *criquet* jusqu'à la chasse au tigre à dos d'éléphant.

Partout aux Indes l'étranger, s'il a de bonnes lettres d'introduction, sera reçu à merveille ; on se fera un véritable plaisir de lui montrer ce qu'il y a à voir, on profitera de son passage pour donner des dîners, des bals, et, à moins de cas exceptionnels, on le sortira de ces abominables hôtels, qui ne sont d'ailleurs si mauvais que parce que les voyageurs comme il faut y sont rares. Je crois pourtant qu'un séjour prolongé serait un peu fastidieux, à moins de se lancer dans l'étude d'une des branches de la science indienne; tout le monde est occupé; il faut donc l'être soi-même, sous peine d'ennui; c'est ce qui nous arriva à Calcutta, où des raisons de santé nous forcèrent à prolonger notre séjour; les journées inoccupées étaient longues, et ce fut avec plaisir que nous vîmes le moment de l'embarquement s'approcher. Nous emportions les meilleurs souvenirs de l'hospitalité reçue; mais, pour de simples voyageurs, nous étions saturés de l'Inde.

CHAPITRE II

LA BIRMANIE ANGLAISE

Le bateau qui nous emporte à Rangoon appartient à la compagnie *British India,* l'une des plus riches, mais aussi l'une des plus mauvaises ; il est impossible de rencontrer des bâtiments marchant moins vite et où l'on soit si mal nourri ; c'est à croire que c'est une gageure. Heureusement la traversée n'était pas très-longue, et, la saison étant très-favorable, nous arrivons à Rangoon sans encombre.

On ne peut pas dire que Rangoon soit une ville, tant les habitations sont disséminées ; une ou deux petites rues près de la rivière sont occupées par les comptoirs des négociants, mais pas un ne réside dans ces maisons, et je ne crois pas qu'il y en ait deux d'entre eux qui demeurent à côté. La forêt qui vient jusqu'à la rivière ressemble à un parc percé d'allées tournantes, parfaitement entretenues, et c'est dans ce bois que chacun a construit sa demeure ; il en résulte la nécessité absolue d'avoir des chevaux et des voitures, sans quoi l'on perdrait tout son temps en promenades fort incommodes par cette chaleur tropicale.

Le gouverneur nous offre l'hospitalité dans une merveilleuse villa qui lui sert de résidence; c'est un chalet, ou plutôt une réunion de chalets bâtis en planches et situés de telle façon qu'on puisse conserver portes et fenêtres ouvertes sans gêner les voisins.

Au demeurant, dans ces pays extra-chauds, l'installation est des plus sommaires : un lit entouré d'un moustiquaire et placé au milieu de la chambre, de façon à profiter du moindre courant d'air; à côté une salle de bain, quelques chaises en bambou, une table pour écrire, un canapé pour s'étendre, par terre une natte, et l'on n'a besoin de rien autre. Les domestiques indigènes sont les seuls utiles dans ces pays, car ils couchent n'importe où, trouvent dans les bazars pour quelques centimes la nourriture à laquelle ils sont accoutumés; ils ne coûtent presque rien, mais il faut en avoir beaucoup pour obtenir une apparence de service. Le chef des domestiques, *bottler* en anglais, *nazer* en hindostani, a la haute main; non-seulement il commande tous les autres, mais il est responsable de tout ce qui se trouve dans la maison, dont il tient en outre tous les comptes.

Les mœurs des Anglais sont à peu près les mêmes aux Indes et en Birmanie, et, sauf peut-être les langues locales qu'il faut apprendre, on peut indis-

tinctement passer d'un pays à l'autre. Les Birmans
sont de détestables domestiques ; aussi les Européens se servent-ils de *madrassi* qui forment une
colonie assez importante.

La chambre où l'on m'installe me semble un
palais, après l'horrible cabine du bateau à vapeur, et
trois repas plantureux, comme ceux que l'on fait à
une bonne table anglaise, suffisent à peine à calmer
la faim de mes compagnons, qui, plus jeunes que
moi, avaient réellement souffert de l'horrible nourriture du bord ; il y avait surtout un plat qui reve-
nait chaque jour et auquel on ne peut penser sans
frémir, « trotter's à la sauce blanche », disait le
menu ; traduisez : pieds de mouton à la colle, et
n'en mangez jamais.

La chambre que j'occupais était au premier ; une
large véranda du côté du midi la protégeait contre
la réverbération du soleil ; de beaux arbres tout
couverts de fleurs rouges ou blanches encadraient
les fenêtres, et une énorme glycine, dont les grappes
bleues pendaient partout, grimpait le long des
murs ; des oiseaux aux couleurs brillantes volti-
geaient dans les branches ; d'énormes singes, blonds
comme des Saxons, et ayant même, pour compléter
la ressemblance, de gros favoris roux, entraient en
gambadant et s'emparaient de tout ce qui leur convenait ; il fallait surtout se méfier de laisser à leur
portée quelque chose de brillant comme des ciseaux :

on était sûr de ne pas les retrouver. Ces singes n'étaient qu'à demi apprivoisés ; ils venaient de la forêt, et peu à peu s'accoutumaient à la présence de l'homme, mais restaient toujours fort indépendants, ne venant que quand cela leur convenait, et retournant parfois des semaines entières à la vie sauvage.

Un autre animal merveilleux, c'est le caméléon ; on peut passer des journées entières à examiner ses changements de couleur ; vous le laissez d'un beau bleu turquoise, et un instant après vous le retrouvez rouge ou orange ; c'est à croire que ce n'est pas le même lézard.

La ville de Rangoon est une sorte de tour de Babel ; outre les Anglais et les Indiens qui y sont fort nombreux, on y rencontre une importante colonie chinoise ; les fils du Céleste Empire se sont emparés de tous les métiers, tailleurs, cordonniers, menuisiers, brocanteurs ; ils exploitent tous les autres habitants de la colonie. On trouve également à Rangoon des Persans en assez grand nombre ; le commerce des étoffes et celui des pierres précieuses est presque entièrement entre leurs mains. Quant aux Birmans proprement dits, ils proviennent d'une émigration mongole ; c'est une race douce et facile à gouverner ; les hommes sont forts et bien constitués, mais très-paresseux, et je serais assez tenté de croire que leur intelligence est très-bornée. Ils sont peu industrieux ; leurs besoins ne sont pas grands et avec la fertilité de leur sol faciles à satisfaire ; ils aiment les couleurs voyantes, et, quoique leur costume soit des plus sommaires, ils adorent la parure. Ils s'entourent les jambes dans une grande pièce d'étoffe qui forme jupon ; les gens du peuple la portent en cotonnade à carreaux, les gens riches en soie ; une camisole en mousseline complète leur costume. Quant à la coiffure, elle se compose d'un bandeau en mousseline blanche attaché par derrière ; quand la température le permet, ils enroulent leurs cheveux dans un mouchoir et s'enveloppent d'une grande couverture de drap de couleur éclatante, qu'ils drapent d'une manière assez artistique. Les femmes portent le même costume, seulement leur jupe est un peu plus longue et plus serrée ; tous portent de grosses boucles d'oreilles, des bagues et des bracelets, et marchent pieds nus ou chaussés de sandales ; tous également ont le corps tatoué en bleu.

De tous les pays tropicaux la Birmanie est sans contredit le lieu où la nature est la plus belle et où l'on trouve les forêts les plus admirables ; aussi l'exportation du bois est-elle l'un des commerces les plus considérables avec celui du riz. Ce qui nuit beaucoup à ce dernier commerce, c'est le préjugé indien. Les habitants du Bengale, même réduits à la famine, se refusent à manger le riz qui n'est pas poussé aux Indes, et les autorités anglaises ont toutes les peines du monde à tromper leur vigilance et à faire passer le riz de provenance birmane ou cochinchinoise pour du riz du Bengale. Sans cette supercherie, le brahmine préférerait mourir de faim que de manger du riz qu'il regarde comme impur, et, chose étonnante, le Birman est bouddhiste fervent et croit absolument les mêmes choses que l'Indien, sauf sous ce rapport, car il mange et il boit quoi que ce soit, et touche sans répugnance tous les animaux.

Grâce à la garnison, à l'administration et aux négociants, la colonie anglaise est assez nombreuse à Rangoon et très-disposée à s'amuser; aussi notre passage fut-il le signal de fêtes sans nombre. Tout cela était bien un peu guindé et un peu froid, mais enfin chacun s'amuse à sa manière, et nos hôtes paraissaient charmés de ces divertissements. Quant à nous, ce qui nous plaisait le plus, c'étaient de longues promenades à cheval dans ces merveilleuses forêts qu'on ne se lasse pas d'admirer; nulle part au monde on ne voit d'aussi beaux arbres et en aussi grand nombre; l'effet de ces futaies couvertes de fleurs comme les arbustes d'un parc est vraiment saisissant.

Les monuments de Rangoon ne manquent pas d'intérêt; c'est une architecture toute spéciale, très-curieuse à voir, mais qui finit par devenir monotone tant elle se répète. La Birmanie est l'un des centres les plus actifs du bouddhisme; là, Bouddha s'appelle Godama, et les croyances birmanes se rapprochent de celles de l'île de Ceylan. Pour me servir d'une expression technique, la Birmanie appartient au rit du *grand véhicule*. Les bonzes, que l'on appelle *Ponguis* dans le pays, sont très-nombreux, et le matin il y en a plusieurs à la porte de chaque maison, tendant la coupe en noix de coco qui leur sert à récolter les aumônes dont ils se nourrissent ; ils ont la tête rasée et sont enveloppés dans une draperie jaune ou amarante.

La grande pagode de Rangoon, dont le toit doré représente une somme énorme, est un lieu de pèlerinage très-célèbre dans toute la Birmanie ; on y vient des provinces les plus éloignées. Ce monument domine toute la ville, et pour y arriver il faut monter un escalier assez escarpé ; les fidèles le montent à genoux, se prosternant à chaque marche ; arrivé en haut, le pèlerin récite quelques prières, offre un sacrifice d'encens, de fruits, de riz, reçoit quelque témoignage de son pèlerinage et s'en va au son des cloches ; c'est à peu de choses près les mêmes cérémonies qu'en Chine et en Mongolie. Malgré leur croyance à la métempsycose, les Birmans n'adorent pas les animaux, sauf certains éléphants ; mais ils n'en tuent aucun ; leur nourriture est donc absolument végétale ; mais comme le péché consiste à tuer et non à manger la chair des animaux, ils ne font aucune difficulté à manger de la viande quand ils ne sont pas les auteurs du meurtre, sauf celle de bœuf qui leur est particulièrement défendue et pour laquelle ils ont la même répugnance que les musulmans pour le porc.

Le but de notre voyage était Mandalay, capitale de la Birmanie indépendante et résidence du roi ; pour arriver jusque-là, nous devions remonter l'Irraoueddi sur un bâtiment que le Roi avait envoyé à Rangoon pour chercher notre mission ; mais la moindre négociation avec un souverain asiatique entraîne toujours des longueurs incalculables, et il fallut perdre bien des jours avant que tout fût prêt, et que les personnages envoyés à notre rencontre et chargés de nous accompagner fussent arrivés.

Ces délais, au demeurant, ne furent pas absolument sans profit, car ils nous permirent d'examiner un peu mieux le pays que nous ne l'eussions fait si nous l'avions simplement traversé. La Birmanie anglaise se compose des trois provinces d'Akyab, de Moulmeïn et de Rangoon, c'est-à-dire de tout le territoire ayant accès sur le golfe de Bengale ; de sorte que le roi des Birmans, confiné dans la haute Birmanie, et n'ayant aucun débouché sur la mer ni vers la Chine, dont il est séparé par des montagnes presque impraticables, est pris dans une souricière et, quoique indépendant de nom, forcé de subir toutes les volontés et tous les caprices des autorités britanniques. Les Anglais sont des maîtres sérieux ; ils

n'ont pas la main légère, et lorsqu'ils croient leur intérêt engagé, ils n'hésitent devant n'importe quelle
mesure. L'histoire est remplie de traits qui ne font
honneur ni à la générosité, ni même à la parfaite
bonne foi des chefs de cette nation. Ces faits n'ont
pas été de nature à augmenter les sympathies des
étrangers, et ont provoqué des haines qui ont résisté
au temps, et dont rien ne peut effacer les traces.
Nulle part ces haines ne sont plus vivaces qu'aux
Indes et en Birmanie. L'histoire de la conquête du
Bengale renferme des détails qui font que les noms
de Warren, Husting et de lord Clive sont synonymes
de mensonge. La conquête de la Birmanie n'est pas
non plus indemne de ce genre de politique, et l'exécution des engagements pris par les négociateurs
anglais non-seulement n'a pas eu lieu, mais en quelque sorte on s'est complu à retourner le poignard
dans la plaie, et à rendre cette conduite encore plus
odieuse par le soin qu'on a pris d'insister sur les détails les plus vexatoires. Il faut dire comme excuse
que les princes asiatiques sont plus frappés par ces
coups d'épingle que par toute autre chose, et que la
meilleure manière de leur démontrer leur impuissance, c'est de les frapper dans leur amour-propre et
dans leur dignité. Tant qu'un de ces potentats ne
risque que la vie de ses soldats et l'argent de ses
sujets, il est toujours enclin à la révolte ; la peur
d'un châtiment personnel, tel que la perte de sa

liberté ou l'aveu public de son impuissance, agit plus sérieusement sur son esprit, et il hésitera à se jeter dans une aventure, alors qu'il est sûr que sa défaite et sa trahison seront suivies de choses très-désagréables pour lui.

La Birmanie anglaise fait partie de l'empire de l'Inde et est soumise à la juridiction du vice-roi; cependant elle ne jouit ni des mêmes lois, ni des mêmes libertés que les Indes proprement dites, elle est encore en quelque sorte en état de siége, et le gouverneur, qui porte le titre modeste de commissaire, a cependant des pouvoirs plus étendus que les gouverneurs du Bengale, de Madras et de Bombay; c'est un dictateur qui centralise à Rangoon toutes les affaires d'Akyab et de Moulmein; et qui réunit en sa personne les pouvoirs administratifs, militaires, législatifs et financiers. Depuis quelques années cependant on a remis les pouvoirs judiciaires à un *chief justice,* qui rend la justice au nom de la Reine, avec la restriction toutefois des lois de l'amirauté dont l'application, si utile à la marine marchande, n'est pas obligatoire dans les ports de Birmanie, dont la police reste au bon plaisir de l'administration.

Les rapports entre la Birmanie anglaise et la haute Birmanie sont constants; le Roi n'est au fond lui-même qu'un négociant, exploitant ses États, comme une ferme dont on cherche à accroître le

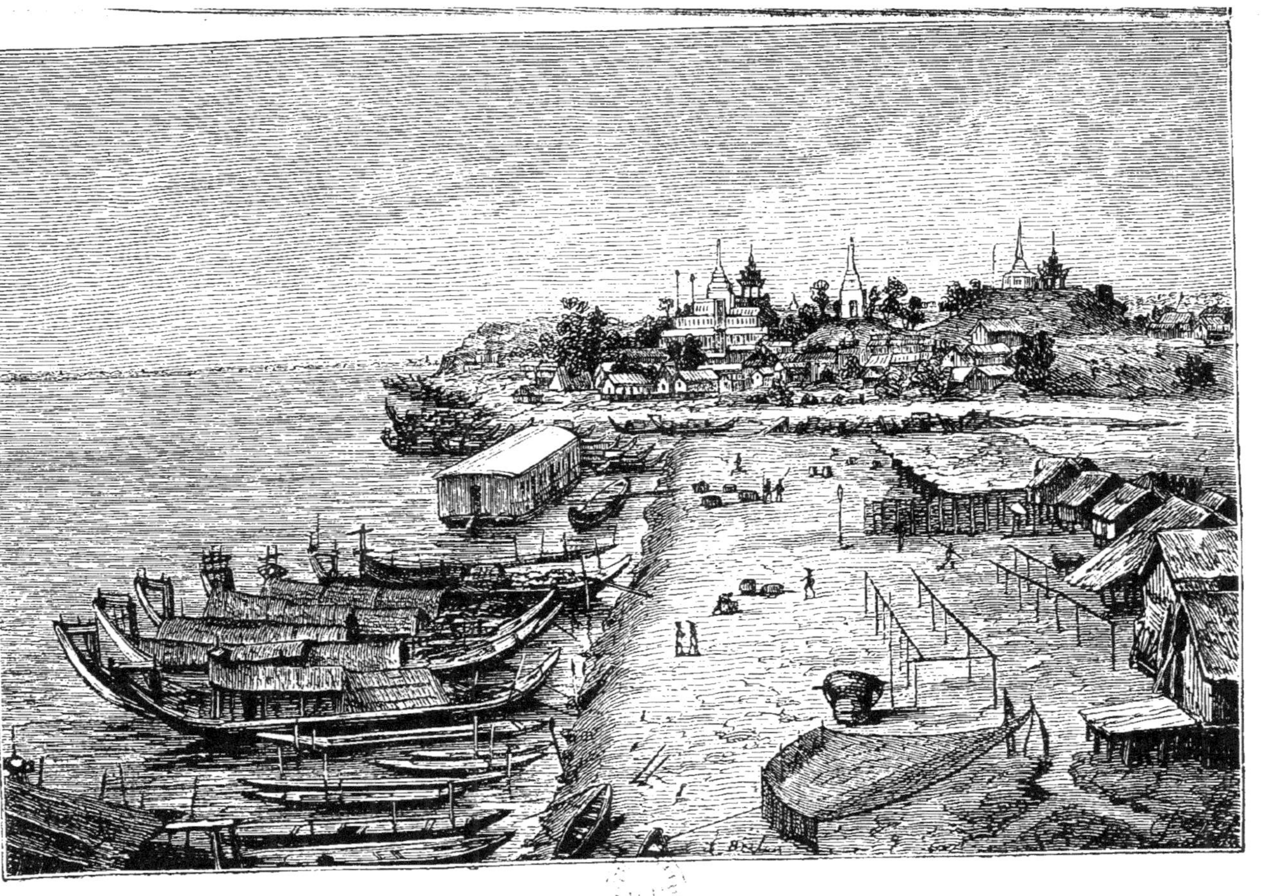

Tayet-Mio, frontière anglaise (Birmanie).

revenu ; il est en correspondance avec toutes les maisons de commerce de Rangoon qui ne sont pas sans importance, et le chiffre de treize millions de livres sterling (325 millions de francs) a une certaine éloquence. Un des articles les plus importants de ce commerce, c'est l'importation du sel au Yunan ; les Chinois, dans leurs traités avec les nations étrangères, se sont réservé le monopole de cette denrée, mais ils ne sont pas assez puissants dans cette province éloignée pour maintenir d'une façon effective cette prohibition.

L'exportation birmane se compose presque exclusivement de riz et de bois de construction. La première de ces denrées fournit le chiffre énorme de sept cent vingt mille tonnes. Quant au bois de teck, tout le monde connait ses propriétés qui le rendent d'un usage presque indispensable dans les constructions navales. Les principaux articles d'importation sont les étoffes de coton, de soie et de laine, les métaux travaillés et le poisson salé.

Mais ce pays a besoin de bras ; la population indigène est insuffisante et paresseuse, et la plus grande partie du sol reste en friche faute d'agriculteurs. Nous avons été visiter une grande colonie aux environs de Rangoon qui a été concédée à l'une des maisons de commerce. Ce sont d'immenses plaines formées de terrains d'alluvion où jamais la charrue n'a passé et qui, cultivées, donneraient un immense revenu; ce sont des Indiens qui ont commencé ce défrichement; mais ils sont peu nombreux, et le capital qu'exige l'achat des animaux de travail est si énorme que la Compagnie est obligée d'aller très-doucement.

C'est dans cette excursion que nous avons fait les plus belles chasses auxquelles j'aie jamais assisté. Ces plaines sont couvertes d'herbes élevées, entremêlées d'arbustes qui servent de retraite à des troupeaux de cerfs. On place les tireurs dans des clairières, et des Birmans debout sur des buffles battent l'intérieur; de cette hauteur, ils dominent le jungle, et par leurs cris et leurs gestes attirent l'attention des chasseurs; parfois de grands fauves, on entend par cette expression les bêtes féroces, viennent dans ces parages chercher leur nourriture, de sorte qu'on est exposé à voir paraître un tigre, là où l'on n'attendait qu'une innocente biche. L'homme placé derrière vous, averti par les cris des rabatteurs, vous passe rapidement une carabine, et il ne faut pas manquer le tigre, car lui ne vous manquerait pas. Dans une seule matinée nous avons tué à quatre fusils dix-sept cerfs et n'avons fait aucune rencontre fâcheuse; mais la chaleur était terrible, et nos compagnons MM. d'Imécourt et de Moustier, malgré leurs vingt ans, étaient, ayant fait la chasse à pied, littéralement rendus de fatigue.

La nuit, il est impossible de circuler dans ces

plaines à cause des serpents; enfin, comme si ce n'était assez des tigres et des cobras pour rendre ce pays dangereux, on est encore obligé de compter avec les moustiques et avec les scorpions. C'est égal, comme sport, c'est le plus amusant que l'on puisse imaginer, et si l'occasion se présente d'en essayer, il ne faut pas la négliger.

CHAPITRE III

Ainsi qu'il est dit plus haut, le roi de Birmanie avait fait affréter un des steamers de la Compagnie de l'Irraoueddy pour nous transporter à Mandalay. Outre le personnel de notre mission, Mgr Bourdon, évêque de Mandalay, et deux officiers birmans, se trouvaient à bord ; l'un d'eux, Sayathoo, était dernièrement à Paris comme secrétaire de l'ambassade birmane ; mais comme il ne savait ni l'anglais ni le français, les impressions qu'il avait rapportées de Paris étaient des plus étranges ; il baragouinait cependant quelques mots d'anglais et saisissait quelque chose de notre conversation. Ayant entendu prononcer ceux de Paris et d'Opéra, il s'écria un jour : « Paris, oui, Opéra très-joli, l'Alboni énormous ». Comme cette réflexion intempestive nous avait mis en gaieté, il crut nous avoir fait grand plaisir ; aussi, chaque fois que nous le voyions, ne manquait-il jamais de répéter : « L'Alboni énormous. »

Pendant la première partie de notre voyage, nous

traversâmes le territoire anglais. Comme tous les grands fleuves asiatiques, l'Irraoueddy forme à son embouchure un immense estuaire et se divise en une quantité infinie de bras, et il faut remonter l'un d'eux pendant une soixantaine de milles avant d'arriver dans le vrai fleuve. Celui dans lequel nous sommes s'appelle China-baghir. Il est étroit, mais très profond et littéralement couvert par la forêt. On navigue comme sur un cours d'eau de parc sous une voûte de verdure. Comme nous ne stoppons que fort tard, c'est un spectacle charmant de filer entre ces arbres éclairés d'un façon magique par le clair de lune ; à certains moments on aurait cru que le bateau était éclairé par un jet de lumière électrique, tant la lumière de la lune était claire, blanche et chargée de reflets métalliques.

La dernière station anglaise s'appelle Tayetmyo ; c'est un grand village qui doit toute son importance à la présence du régiment anglais, qui y tient garnison, et aux fonctionnaires civils plus nombreux là qu'ailleurs à cause de la frontière ; mais tous ils sont misérablement installés et semblent aspirer au moment de quitter ce séjour odieux. A l'allée et au retour, nous y passâmes cependant quelques moments agréables ; nous étions un événement dans cette vie tranquille ; aussi chacun se mettait-il en quatre pour nous être agréable et nous faire passer la journée le plus gaiement possible. En remontant, notre pitié était grande, et nous nous demandions comment on pouvait habiter de pareils trous et manger d'aussi mauvais aliments; mais en redescendant, notre opinion avait changé du tout au tout; nous étions émerveillés de ce luxe. Quoi! deux plats de bœuf à un seul repas! c'était du gaspillage. Mais n'anticipons pas sur le récit de nos malheurs.

Après avoir traversé la bande de territoire neutre qui sépare les deux pays, nous arrivons à Menthla, ville birmane et qui devait être notre première étape dans ce pays. Nous sommes reçus par les autorités locales assistées d'un des secrétaires du roi appelé Kyodon, qui parle réellement très-bien le français et a toutes les façons d'un homme du meilleur monde. Il portait le costume birman avec une grâce charmante.

Comme toujours dans ces circonstances, l'échange de visites officielles occupa la première partie de la journée; puis nous fîmes une petite promenade à pied dans la campagne environnante; le soir nous étions invités à une représentation théâtrale avec intermède de souper; c'était la pièce de résistance du programme.

Le théâtre birman, que l'on appelle dans la langue du pays *poë,* n'est au fond qu'une légende dialoguée, sans décors, sans mise en scène; cependant, de temps à autre, un intermède de danse ou de plaisanteries débitées par des bouffons interrompt la monotonie de ces chants. Comme chez tous les Orientaux, la danse birmane n'est jamais vive ni sautillante; c'est une série de poses plastiques et sensuelles dans lesquelles le réalisme arrive parfois à la dernière limite de l'obscène; il est réellement impossible de raconter ces scènes qui feraient rougir même le Karageus de Constantinople. Généralement en Orient les femmes dansent seules; en Birmanie les hommes et les femmes dansent ensemble par couple.

Les costumes portés au théâtre diffèrent de ceux de la rue; la pièce principale est bien toujours le langouti, mais il est recouvert d'une armure étincelante, et le bandeau qui sert de coiffure surmonté d'une sorte de casque de forme grotesque. Les femmes sont couvertes de bijoux, la plupart vrais, m'assure-t-on.

Le gouverneur de Menthla avait bien fait les choses; outre la troupe ordinaire du *poë*, il avait également préparé un théâtre de marionnettes, dont les Birmans sont très-friands. Ces marionnettes, bien plus grandes que nos polichinelles, sont faites dans une perfection rare, et au lieu d'y en avoir une ou deux en scène à la fois, il y en a souvent trente et quarante manœuvrées par autant d'hommes; c'est une des jolies choses que l'on puisse voir et qui fait grand honneur à la dextérité de main des artistes qui manœuvrent ces pupazzi.

Pour un étranger, c'est un spectacle plus intéressant que le *poë*, en ce sens que ces marionnettes,

n'ayant aucune prétention littéraire et n'étant retenues par aucune tradition, se bornent à retracer les
scènes de la rue et font entrer dans le cadre extrêmement large de leur vaudeville tous les à-propos
qui leur passent par la tête.

Enfin la fête se termina par une danse générale
des villageois qui exécutèrent quelques pas nationaux très-originaux. Toute la population du village
avait été attirée par cette fête, et l'auditoire n'était
pas la partie la moins intéressante. La première im-
pression sur les Birmans est plutôt favorable ; c'est
un peuple qui paraît bien doué ; les hommes sont
forts et respirent un air de santé ; ils semblent doux,
polis, ont la figure ouverte, et le pays ne doit pas
être aussi pauvre qu'on nous l'avait dit à Rangoon,
car nous n'avons rencontré de mendiants dans
aucun village ; les vêtements du peuple sont propres
et même assez élégants, la plupart ayant un langouti ·
d'étoffe de soie.

Après avoir bu de la limonade et du lait de coco,
avoir mangé quelques pâtisseries, fumé des cigares
très-forts et des cigarettes longues de vingt-cinq
centimètres enroulées dans une feuille d'aréquier, et
refusé de mâcher du bétel, nous nous séparâmes de
nos hôtes et retournâmes à bord, laissant la fête
continuer ; le lendemain, au moment du départ, elle
durait encore, et j'ai ouï dire que quelquefois ce
genre de *poë* durait trois et quatre jours.

Notre seconde étape sur le territoire birman eut lieu dans un village célèbre par ses nombreuses mines de pétrole. Ici la nature change absolument d'aspect : plus de végétation, des terres brûlées et stériles, des arbres rabougris et misérables, des cactus et des aloës, partout des cailloux. Un des ministres du roi de Birmanie réside dans ce village presque constamment, car de ces mines sort le revenu le plus important de l'État, quoique l'exploitation en soit des plus primitives. On nous mena près des puits distants de quelques milles de la rivière, je n'ai jamais vu de nature plus désolée que celle que nous traversions pour arriver à ces mines ; des arbres qui ailleurs forment des futaies impénétrables et dont l'ombre couvre des mètres carrés de terrain, n'arrivent pas à plus de trois ou quatre pieds d'élévation et ne dépassent jamais les dimensions d'un arbuste, noués, tordus, et semblant toujours être près de mourir. Les cactus et les aloës couvrent presque tout le terrain et courent le long des roches noires et spongieuses qui font le fond de ce paysage maudit ; mais au lieu de ces cactus merveilleux avec leurs fleurs rouges ou jaunes, de ces aloës dont la tige s'élève quelquefois à quatre ou cinq mètres, nous retrouvons ces plantes telles qu'elles sont chez nous, étiolées, pâles, maladives.

L'exploitation de ces mines est tout ce qu'il y a de plus primitif : un puits et une charpente pour faire manœuvrer la poulie. Quelques-uns sont fort profonds. Le mineur tenant un seau à la main est descendu à l'aide d'une corde ; son seau rempli, une autre corde manœuvrée par la même poulie le remplace ; mais l'odeur au fond de ces puits est tellement suffocante que le malheureux ne peut pas la supporter plus de quelques minutes ; quand on le remonte, il est tout à fait pâmé, et il lui faut plusieurs heures pour reprendre ses forces ; on le place sur une sorte de lit de camp où il reprend la respiration. Je n'ai rien vu de plus hideux que ce spectacle ; tout son corps est vert comme celui des asphyxiés, et ce lit de camp ressemble absolument à celui de la Morgue.

Il serait bien simple de tirer un immense revenu de ces mines qui sont classées parmi les plus riches du monde ; un système de pompe à vapeur sauverait la vie à une infinité de malheureux ; mais, d'une part, le roi n'a pas confiance dans les moyens européens : il a été si souvent volé ! et, d'autre part, le gouvernement anglais ne semble pas disposé à faciliter cette transformation ; il regarde la Birmanie indépendante comme une proie qui doit tomber un jour ou l'autre dans ses mains, et il préfère trouver les ressources du pays intactes et surtout ne pas avoir affaire à une compagnie qui ne serait pas anglaise ; car, si le roi se décidait jamais à faire semblable concession, ce serait aux Italiens, qui pour le moment ont toute l'influence à Mandalay.

Le Français est un bien singulier peuple ! il aime les opinions toutes faites, les formules dosées à sa mémoire, jamais il ne cherche à s'instruire par l'étude de ce qui se passe chez ses voisins, et pourvu qu'on lui accorde qu'il est le peuple le plus spirituel, il est ravi ; son infatuation est telle qu'il se croit aimable et adoré, alors qu'il est insoutenable et détesté partout. On lui a dit une fois qu'il avait toutes les qualités possibles, sauf celle de colonisateur ; il s'est bien gardé d'examiner si ce jugement était fondé, et s'il était sans appel. Il l'a admis, et tout le monde en France de répéter : Nous ne sommes pas colonisateurs ; notre pays est si riche, notre climat si admirable que nous ne pouvons consentir à nous expatrier. Au lieu d'accepter cette condamnation et de nous en faire presque gloire, si nous avions pris la peine de sortir un peu de chez nous, et d'étudier dans leurs colonies les peuples qui y réussissent, nous aurions vu qu'avec de la raison et de la patience nous pourrions arriver comme eux à des résultats satisfaisants, et nous aurions évité les écueils qui nous ont fait sombrer. Les Anglo-Saxons et les Hollandais, qui sont les maîtres dans cette matière, nous auraient appris que, pour rendre une colonie prospère, il faut avant tout la faire administrer par des gens spéciaux, soumettre l'élément militaire à l'élément civil, écarter définitivement et irrévocablement tous les sangs-mêlés des affaires, et

les maintenir toujours dans des conditions inférieures, d'où il soit impossible pour eux ou à peu près
de sortir. En outre, la colonie appartient à ceux qui
l'exploitent ; les grands négociants, les compagnies
de navigation, les institutions de crédit sont les
conseillers des autorités, et il est bon d'observer
que l'Angleterre, la Hollande, les États-Unis, qui
sont les gouvernements les plus libéraux du monde
chez eux, sont tout ce qu'il y a de plus conserva-
teur et autoritaire dans leurs colonies. Aussi suffit-
il, pour juger les résultats, de voir nos colonies des
Antilles livrées aux nègres et aux mulâtres et celles
de nos voisins à la Jamaïque et à Saint-Thomas. Une
colonie, c'est un territoire et une population que
l'on exploite au bénéfice de la métropole. Les Anglais retirent de l'Inde un commerce immense et,
ce qui n'est nullement à dédaigner, un débouché
pour toute la jeunesse sans fortune du pays. On
cherche la prospérité de l'Angleterre dans la perfection de son mode de gouvernement, tandis qu'on
devrait l'attribuer surtout à l'absence de déclassés. Le
service des Indes absorbe un nombre considérable de
jeunes gens et leur fournit une carrière à la fois ho-
norable et lucrative. Habitués dès l'enfance à l'idée
qu'ils iront aux Indes, les jeunes Anglais, lorsque
l'âge est venu de réaliser ce projet, n'éprouvent
aucun regret de quitter leur pays ; ils savent qu'ils
trouveront là-bas des amis, qu'ils n'abandonneront

aucune de leurs habitudes, et qu'ils jouiront d'une aisance que leurs familles seraient incapables de leur procurer.

Une fois arrivés aux Indes, ils sont absorbés par les devoirs de leur charge et n'ont ni le temps ni le besoin de se garnir le cerveau de théories sociales plus ou moins praticables; chacun songe à ses affaires. Point de cafés, d'orateurs d'estaminet, de déclassés; pourquoi chercher l'aventure, lorsque la réalité se montre favorable? Point de bohèmes attendant une révolution pour se créer une position; avec le travail, l'aisance assurée et la richesse probable; sans travail, la misère accompagnée du mépris général : tel est le spectacle qu'offrent les colonies de nos voisins. Mais aussi comme chacun est dévoué à l'œuvre générale! comme tous les yeux sont ouverts sur l'accroissement de la colonie! Pas de philanthropie, de théorie sociale, aucun désir d'égalité, et surtout une barrière infranchissable entre les colons et la population. Une chose est-elle démontrée utile aux intérêts anglais, la presse locale la discute, en se plaçant au point de vue exclusivement anglais, et si la réalisation du projet exige quelque coup de force ou d'arbitraire, le gouvernement, avant d'agir, se fait forcer la main par l'opinion publique afin d'avoir en quelque sorte autant de complices qu'il y a d'habitants.

Ces réflexions nous vinrent à l'esprit en visitant

ces mines. Nul doute qu'il n'y ait là une immense fortune à faire ; l'Anglais la guette, et
attend le moment propice ; il est patient, mais il
ne permet à personne d'approcher. Craignant qu'un
jour le roi de Birmanie ne se laissât aller à ten-
ter la fortune et à abandonner à une compagnie
européenne, qu'il serait impossible de déposséder
plus tard, la concession de ces mines, le gouverneur de la Birmanie anglaise a simplement interdit
l'entrée de toute machine dans la Birmanie indépendante, et comme il est maître de l'embouchure
du fleuve, c'est fini, rien ne peut plus passer, et les
mines restent inexploitées, jusqu'au moment où un
événement politique quelconque permettra une
rectification de frontières. La rectification de frontières, tel est le mode d'accroissement employé en
Asie depuis vingt ans par les Russes et les Anglais ;
et aussitôt qu'un territoire est à la convenance de
ces puissances, on voit les populations s'agiter, et
une sorte de mouvement insurrectionnel se dessiner.
« Vous ne pouvez rétablir la tranquillité chez vous,
écrit-on au prince indigène ; cet état de choses est
dangereux pour nous et exige de notre part une
intervention armée pour rétablir l'ordre. » Et le
tour est joué.

Notre troisième station fut Pagan, ancienne capitale de toute la Birmanie à l'époque où le pays
était florissant et l'empire solide. Il ne reste au-

4.

jourd'hui que des ruines, très-curieuses, paraît-il, au point de vue archéologique et dont la description a fait l'objet d'un livre célèbre écrit par le colonel Yule; on ne peut se faire une idée du nombre de pagodes dont les vestiges subsistent encore; je ne crois pas qu'il y ait jamais eu nulle part une ville aussi religieuse; parmi ces pagodes, les unes sont de simples oratoires, tandis que d'autres sont de véritables monuments. L'art birman est tout à fait différent de celui de l'Inde ou de la Chine, mais il se répète toujours et est d'une monotonie vraiment insupportable; aussi, après une promenade succincte au milieu de ces ruines, nous n'avions qu'une idée, celle de la quitter et de regagner des lieux habités.

Enfin notre quatrième et dernière étape nous amena à Sagaïn, petite ville située en face d'Awa et d'Amarapoura, anciennes capitales de la Birmanie et touchant presque à Mandalay; de ces deux cités dont la géographie a conservé les noms et qu'on voit encore marquées sur la plupart des cartes il ne reste rien, pas même des ruines. Dans ce pays toutes les constructions sont en bois; une fois abandonnées, elles sont vite pourries, et la végétation recouvre les vestiges en quelques mois.

C'est à Sagaïn qu'eut lieu notre réception officielle; le roi avait envoyé ses ministres nous souhaiter la bienvenue, et ils étaient escortés par toute la flotte des bateaux à rames. Ces barques, construites uniquement en vue de la représentation, sont des plus pittoresques ; non-seulement la quille, mais même les rames sont dorées, ce qui produit au soleil un étincellement vraiment merveilleux ; des flammes, des banderoles, des draperies aux couleurs voyantes achèvent l'ornementation de ces barques montées chacune par une cinquantaine de rameurs, qui manient avec une grande dextérité des pagaies à l'aide desquelles ils obtiennent une vitesse étonnante. Des régates furent données en notre honneur ; c'était charmant : l'eau jaillissait sous l'effort des rames ; les matelots s'excitaient mutuellement par des cris cadencés, de façon à ce que toutes les pagaies tombassent ensemble et qu'aucun effort ne fût perdu.

Parmi ces barques, il y en a deux plus grandes et plus ornées que les autres ; au milieu s'élève un dôme doré ; on les appelle le Roi et la Reine, et elles sont l'objet sinon d'un culte positif, tout au moins de respects tout particuliers ; on les regarde comme une représentation du souverain, et on leur rend les honneurs, comme si elles contenaient des personnages augustes.

On nous servit un grand dîner birman, c'est-à-dire composé de riz et de curry de différentes espèces, et la fête se termina par une grande représentation théâtrale donnée par la troupe du palais.

Le lendemain de bonne heure nous jetions l'ancre devant Mandalay; des éléphants nous attendaient : l'un deux, tout caparaçonné d'or et de velours, et monté par un officier de la cour revêtu d'un costume étrange, mélange de velours cramoisi, de broderies d'or et de carton peint, était spécialement destiné à porter nos lettres de créance. On nous fit revêtir nos uniformes, et la procession se mit en marche à travers une haie de soldats et précédée du régiment des éléphants du roi. Rien ne peut donner l'idée de la bouffonnerie de cette marche triomphale, et jamais aucune féerie ne nous a montré quelque chose d'aussi cocasse ; pas un de ces soldats n'avait un fusil en ordre ; la batterie manquait aux uns, la baïonnette aux autres ; de plus, ces gens nu-jambes, les cuisses recouvertes d'un jupon de toile, portant sur le dos un sac et un fourniment européen dépareillé, et coiffés d'une sorte de champignon en cuir bouilli, donnaient une faible idée de la force militaire du pays. Chacun de nous portait en croupe un individu armé d'un immense parasol rouge, destiné à nous garantir du soleil ; mais il s'endormait à chaque instant, et le parasol s'abaissait, renversant notre coiffure ; il fallait tout arrêter, descendre, la ramasser et se remettre en mouvement.

Arrivés devant un pont de bois, l'éléphant qui tenait la tête flaira les planches du bout de sa trompe ; sans doute le résultat de cette enquête était défavorable, car il se refusa absolument à s'aventurer dessus, et la procession dut en prendre son parti et traverser à gué le ruisseau. Enfin, après avoir circulé pendant trois heures dans toutes les rues et ruelles de l'endroit, nous arrivons à la maison que le roi avait fait construire à notre intention. Nous avons été très-agréablement surpris en trouvant une case en bois bien neuf, bien reluisant, ayant à peu près la forme d'un chalet et renfermant une installation presque confortable; son seul inconvénient était d'être si sonore qu'il était impossible de faire un pas dans une chambre sans faire trembler tout du haut en bas.

La description de notre maison vaut la peine d'être faite; rien ne saurait donner un meilleur tableau du gaspillage des cours orientales et du vol auquel se livrent les gens chargés de ces sortes d'installations.

Le salon était meublé d'un mobilier anglais d'occasion, avec de grandes glaces et des lustres de cristal comme on en fait en Allemagne pour l'exportation; la salle à manger était garnie dans le même genre de meubles disparates et d'une vaisselle provenant de toutes les paroisses; nos chambres avaient un lit médiocre, quelques chaises et un lavabo; tout cela provenant de ventes aux enchères, compté comme neuf au roi et apporté exprès de Rangoon.

Un cuisinier français et un majordome se disant

neveu d'un amiral étaient les organisateurs en chef et ne demandaient qu'à augmenter le chiffre des dépenses; ils tenaient table ouverte aux frais du roi pour tous les aventuriers du pays. Des éléphants, des équipages à bœufs, un troupeau de poneys, une armée de serviteurs de toutes sortes, les comédiens de la cour en permanence, tel était le spectacle qu'offrait notre *compound*. Nous essayâmes d'y mettre un peu d'ordre; mais voyant nos efforts demeurer infructueux, nous prîmes l'habitude de nous isoler au milieu de cette foule, et de manger, de travailler et même de dormir, sans nous inquiéter du vacarme qui se faisait autour de nous.

Tous les matins les reines nous envoyaient par leurs eunuques des sucreries préparées par leurs augustes mains; la seule raison qui peut rendre cet excès d'honneur probable, c'est que lesdites sucreries étaient infiniment trop mauvaises pour avoir été préparées par un marchand ou même un serviteur de la maison; les chiens eux-mêmes refusaient d'y goûter; nous ne savions réellement que faire des trente ou quarante plateaux qui nous arrivaient chaque matin.

Notre audience solennelle eut lieu à peu près dans les mêmes conditions que notre entrée, avec cette aggravation que les cadeaux que nous apportions étaient portés par des hommes de la cour qui avaient la tête du cortége. Ce n'est pas une petite affaire que

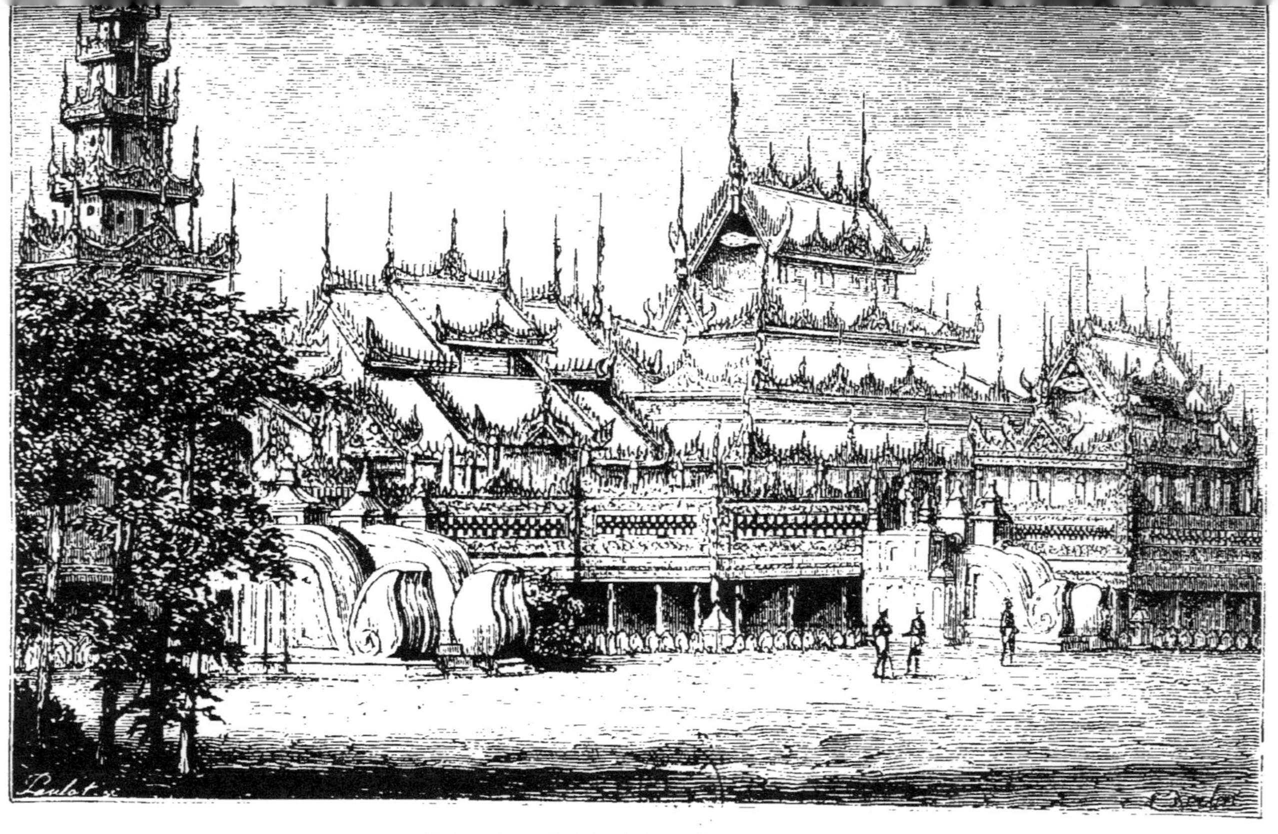

Palais-Royal Mandaley (Birmanie).

de parvenir jusqu'au roi de Birmanie, et l'on dirait
vraiment que plus il devient faible et impuissant,
plus l'étiquette se complique, comme s'il voulait
donner le change à son peuple sur son pouvoir réel
en accumulant tout ce que la vanité la plus puérile
peut inventer de plus vexatoire pour rehausser l'é-
clat de sa personne.

Ainsi, malgré le soleil épouvantable de ce pays, il
est interdit d'ouvrir un parasol, dès que l'on dépasse
la première porte d'enceinte du palais, et il faut traverser une énorme cour tout éblouissante de cette lumière blanche produite par le soleil des tropiques, nu-
tête, et n'ayant pour se garantir de ces rayons
implacables qu'un petit éventail. On doit éviter de
passer devant les portes qui sont au milieu de l'édifice, ou ne le faire qu'en se baissant. Enfin, quand on
est arrivé à la porte de côté par laquelle on doit entrer, il faut laisser ses chaussures au bas de l'escalier
et faire sur des planches brûlantes un parcours de
plusieurs centaines de mètres avant d'arriver à la
salle du trône, où l'on doit s'accroupir, en ayant
soin de dissimuler ses pieds le plus possible, jusqu'au moment où le roi daigne sortir de ses appar-
tements privés et accorder l'audience demandée. Il
parle alors à la cantonade, et un eunuque, ou un de
ses familiers, répète ses augustes paroles. L'audience
finie, le souverain se retire, on sert une collation,
après laquelle chacun s'en va chez soi.

Toutes ces simagrées sont puériles et ridicules, et l'on s'étonnerait que les Anglais les eussent laissées subsister, si l'on ne réfléchissait qu'en laissant le roi de Birmanie s'ancrer chaque jour davantage dans ces orgies de vanité puérile, ils obtiennent deux résultats également importants pour eux : le premier d'avoir toujours sous la main un grief à faire valoir pour supprimer ledit souverain le jour où sa disparition paraîtra nécessaire ; le second, de dégoûter de la cour de Mandalay tous les gouvernements qui pourraient avoir envie ou intérêt à ouvrir des relations avec ce pays. Comme, grâce à cette étiquette, rien ne peut se dire ni se faire sans que des centaines de personnes soient présentes, la négociation la plus simple se trouve entravée dès son origine par mille intrigues dont il est impossible de soupçonner même l'existence.

La Birmanie indépendante n'est aujourd'hui qu'un vaste champ de délation ; le pouvoir est entre les mains d'un vieillard impuissant, ergoteur, vaniteux, qui veut tout savoir, tout diriger, et qui se croit puissant, parce qu'il tyrannise un certain nombre de domestiques qu'il décore du nom de ministres ou de chambellans. Mais toutes les manies de ce vieillard ne sont pas aussi inoffensives pour la nation ; il possède au suprême degré celle de l'agiotage et des spéculations, qui sont la plaie du pays. D'après une fiction qui existe dans la plus grande partie de l'Asie non-seulement les personnes sont les esclaves du souverain, mais le sol est sa propriété personnelle, et s'il veut bien laisser ses sujets jouir d'une partie de leur récolte, c'est par pure bonté ; aussi entend-il rester maître des produits qui ne sont pas indispensables à la consommation locale et les payer le prix qu'il veut. Il monopolise ainsi les cotons, les riz, le sucre, passe des contrats avec des négociants étrangers et reçoit d'autres marchandises en échange, marchandises avec lesquelles il paye les appointements de ses fonctionnaires, ses troupes et même les paysans auxquels il redoit quelque chose. Comme ces denrées sont données à une valeur supérieure à celle du bazar, et que leurs propriétaires sont obligés de les revendre pour acheter d'autres objets plus nécessaires, des spéculateurs ont organisé le rachat au rabais de ces objets, qu'on repasse ensuite au roi, de telle sorte qu'avec un stock peu important de cotonnades, on extrait tout l'argent et toutes les matières premières du pays. Le roi est enchanté et se figure qu'il fait de très-bonnes affaires. De même pour les mines de rubis qui sont une des richesses du pays ; le roi s'en est réservé l'exploitation et fait vendre à son compte les rubis ; les ouvriers mal payés font une contrebande enragée et, de connivence avec les surveillants, vendent directement et à leur profit la plupart des pierres extraites, et cela malgré la police très-active que le roi entretient à

Rangoon. La salle du trône était bondée le jour de notre audience, tout le monde ou à peu près ayant le droit ces jours-là d'y pénétrer. En face de nous s'élevait le trône, sorte de lit de parade brodé d'or, sur le devant duquel étaient placées une jumelle et une boîte à bétel en or. Bientôt la porte du fond s'ouvrit, laissant apercevoir une enfilade de portes métalliques menant au harem. Tous les Birmans s'effondrèrent, et le roi vint à pas lents s'asseoir sur son trône. Son premier soin fut de braquer sur nous sa jumelle, pendant qu'on lui lisait la traduction de nos lettres de créance. Après une conversation des plus insignifiantes, le roi se leva ; toutes les portes se rouvrirent et se refermèrent sur lui. On nous servit une collation offerte par les reines, et nous reprîmes le chemin de notre demeure avec le même cérémonial. J'oubliais un détail assez curieux : on nous fit faire un détour immense et contourner trois côtés du palais, afin de repasser par la porte de l'est, cette entrée étant considérée comme plus digne, et celle de l'ouest étant réputée de mauvais augure et réservée aux enterrements.

Une fois en règle avec l'étiquette, nous avons tout le temps de battre les environs et de voir du pays tout ce qu'on voudra bien nous montrer.

La Birmanie est un coin tout particulier de l'Asie, qui mérite d'être vu et même étudié avec soin. Elle renferme des richesses inouïes, et, malgré la

détestable administration dont il est doté, les ressources du sol sont si considérables qu'on pourrait
presque dire qu'elles sont inépuisables. Comme nous
le disions plus haut, tout est régi par le bon plaisir
du roi : de lois, de droits, de coutumes même, il n'y
en a pas d'autres que la volonté royale. Nulle part
il n'existe un pouvoir aussi absolu. En Perse, les
caprices du schah sont limités dans la pratique soit
par les droits féodaux des chefs de tribu, soit par les
corporations marchandes des villes, soit par les priviléges du clergé. En Chine, l'autonomie des provinces
garantit un peu les populations contre la cour. Aux
Indes, les rajahs indépendants sont retenus par le
voisinage de l'administration anglaise et au besoin
rappelés à l'ordre par les résidents que le gouvernement britannique entretient auprès d'eux. En Birmanie, rien de semblable n'existe, et le pays est tout
à fait livré aux fantaisies ridicules d'un roi âgé, et
qui, terrifié par une conspiration dont il a failli être
victime il y a quelques années, n'ose plus sortir de
l'enceinte de son palais. Entouré de femmes, d'eunuques, de bonzes, d'intrigants de bas étage, il passe
son temps à scruter la vie privée de ses sujets,
à écouter les délations, et à donner des ordres aussi
ridicules que funestes. Un Birman se laisse-t-il aller
à boire un verre de vin, ou à tirer un coup de fusil
sur une pièce de gibier, si quelqu'un a intérêt à en
avertir le roi, le coupable est aussitôt appréhendé,

fustigé et quelquefois même envoyé en exil. Il est
rare cependant que les choses tournent tout à fait au
tragique ; le roi n'est pas sanguinaire, de sorte qu'il
observe fidèlement le principe bouddhique qui défend de tuer. La manière de punir les coupables en
Birmanie est aussi spéciale à ce pays ; on y dédaigne
la vulgaire bastonnade, et le bambou est remplacé
par des coups de coude sur l'épine dorsale ; il parait
que cela fait grand mal.

La vanité de ce monarque est incurable ; à chaque
instant il reçoit des admonitions du consul d'Angleterre auxquelles il est immédiatement obligé de se
soumettre, ce qui ne l'empêche pas de dire à chaque
instant : « J'ai un traité avec Victoria ; comme c'est
une femme, je ne remplis que les conditions qui me
sont avantageuses. » Ou bien encore : « Le traité
avec l'Angleterre va expirer, et je lui retirerai
tous les avantages que j'avais consentis précédemment. »

Au premier abord, on se demande si cela est bien
réel et si de pareilles folies peuvent être débitées ;
mais ce qui est plus étrange peut-être encore, c'est
d'entendre les ministres surenchérir sur les paroles
du maitre ; prosternés le front dans la poussière, ils
tremblent comme des feuilles, et n'osent ouvrir la
bouche, hormis pour applaudir aux paroles royales,
ou pour répéter les propos des aventuriers qui
viennent ici chercher un morceau de pain et qui le

payent par des flagorneries dignes des opérettes les mieux réussies.

Ce sont, au demeurant, de singuliers types que ces gens que le besoin d'aventures a jetés sur cette côte lointaine et qui dépensent, dans de petites intrigues sans résultat, infiniment plus d'intelligence qu'il ne leur en eût fallu pour gagner honnêtement leur vie dans leur pays. L'un entretient les idées belliqueuses du roi et cherche à le persuader qu'il suffit de sa volonté pour jeter les Anglais hors du pays et reconquérir le Pégu; un autre, qui, par parenthèse, laisse volontiers soupçonner la singulière prétention d'être un bâtard de Louis XVII, se charge de faire conclure un traité d'alliance offensive et défensive entre le roi et l'empereur de Russie; un troisième, agent d'une société anglaise, cherche à entraîner le roi dans les projets commerciaux les plus insensés, et quand, flattant la manie du souverain, il est parvenu à lui faire signer un contrat quelconque en opposition avec les traités anglais, il est ravi; en effet, dès que le fait est connu, le consul d'Angleterre en arrête l'exécution, et le négociant demande une compensation pécuniaire pour les pertes que lui font subir les décisions consulaires, et le roi est obligé de la lui accorder.

Ce qui rend la situation tout à fait singulière, c'est que le roi est au fond très-débonnaire, qu'il a horreur de répandre le sang, et que sa générosité ne connaît pas de limite; il n'admet pas le droit à la rémunération des services qu'il reçoit et ne veut pas entendre parler d'appointements réguliers; mais pour un oui ou un non, il donne des milliers de roupies, et tous les Européens établis à Mandalay avec ou sans emploi ne s'adressent jamais en vain à sa générosité.

Quant à la population, elle est douce et travaille volontiers; elle est relativement riche, parce que ses besoins sont nuls; quelques poignées de riz avec un peu de curry et des bananes : voilà sa nourriture; une hutte en bois pour s'abriter, une natte pour dormir et un langouti en coton ou en soie pour se couvrir, suffisent à rendre le Birman l'homme le plus heureux de la terre; j'oubliais une petite provision de tabac et de bétel, quelques foulards pour se couvrir la tête et les épaules pendant ce qu'on appelle là-bas la saison froide. Grands ou petits, riches ou pauvres, tous les Birmans mènent la même vie, et la différence entre les heureux de ce monde et les misérables est à peine appréciable; être traîné par deux taureaux au lieu de l'être par deux vaches, monter sur un éléphant et non sur un poney, avoir une tasse en or portée derrière soi par un laquais, au lieu d'une tasse en laque, tels sont les traits distinctifs entre le *high life* birman et la vie bourgeoise. Mais ce qui caractérise d'une façon toute spéciale ce pays, c'est l'absence de mendiants; ni à Mandalay, ni dans

Char à bœufs (Birmanie).

l'intérieur du royaume on n'en rencontre aucun, tandis que dans toute l'Asie, on ne peut faire un pas sans être assailli de demandes, et sans entendre répéter à chaque instant le mot *bakshish,* qui semble avoir été adopté dans toutes les langues orientales pour remplacer la phrase sacramentelle : « Un petit sou, s'il vous plaît. »

Un autre trait du caractère birman en opposition avec le caractère asiatique, c'est la confiance, le laisser-aller, la sympathie même de ce peuple vis-à-vis de l'étranger. Partout ailleurs l'indigène est mal disposé pour les Européens ; les musulmans, surtout les schyites, nous considèrent comme des êtres impurs, et brisent la tasse dans laquelle nous avons bu, de peur d'y boire eux-mêmes par mégarde. Aux Indes, la question des castes produit les mêmes effets, et j'ai vu un portier brahmine jeter avec colère la nourriture qu'il était en train de se préparer, parce que la voiture de son maître avait traversé le cercle tracé autour du feu qui cuisait ses aliments, pour isoler la marmite des impuretés environnantes.

En Chine, si l'on mange les restes des Européens, c'est parce que la faim n'a pas de préjugé ; mais on nous appelle *diables rouges, diables étrangers,* et nous servons de croquemitaines aux enfants. La plupart du temps il faut de longs pourparlers pour obtenir l'accès des temples, des lieux publics et même des auberges, et ce n'est au fond que l'espoir d'un

gain excessif qui décide Persan, Chinois, Indien ou
nègre à nous approcher; nos propres domestiques
se moquent de nous et sont pleins de honte vis-à-vis
de leurs compatriotes d'être obligés de subir notre
contact. Malgré l'ancienneté de nos rapports avec
ces peuples, nous n'avons pu encore forcer la porte
de leur intérieur et nous créer avec eux des rapports
de société suivis. A Pékin, par exemple, il existe un
seul Chinois qui nous invitait parfois à dîner, et il a
par ce fait perdu toute la considération de ses voisins; je me souviens qu'au moment du massacre de
Tien-tsin il vint me faire une visite, et comme je le
remerciais de cette démarche très-courageuse pour
un Asiatique : « Ne me remerciez pas, me dit-il
mélancoliquement; s'il vous arrivait malheur, je serais également tué. »

Ce sentiment n'existe pas en Birmanie, et depuis
notre arrivée à Mandalay, nous avons reçu la visite
de la plupart des Birmans distingués; ils viennent
chez nous sans répugnance, mangent ce que nous
leur offrons, sauf la viande de bœuf, nous donnent
la main et n'éprouvent aucune gêne à se trouver
avec nous.

On pourrait croire que le système d'espionnage
pratiqué d'une façon si complète par le roi de Birmanie aurait pu amener quelque contrainte dans
nos relations; il n'en est rien, et chaque soir, à la
représentation théâtrale que la troupe royale don-

naît dans notre cour, nous voyions arriver de nouveaux officiers et tous les bourgeois du voisinage. Presque tous les jeunes gens bien élevés parlent anglais et recherchent l'occasion de se servir de cette langue.

La moralité du peuple birman est supérieure à celle de ses voisins ; cela tient sans doute à la liberté qu'ont les femmes de circuler à visage découvert et de se mêler aux travaux et aux divertissements des hommes. Comme partout en Asie, la polygamie n'est pratiquée que par les hauts personnages ; c'est un luxe cher que l'entretien de plusieurs femmes, et tous ne peuvent y prétendre.

Quant aux enfants, ils s'élèvent comme ils peuvent ; dès qu'ils marchent, ils circulent dans les rues voisines, vivant dans la société des chiens, des poules et des autres enfants du quartier. Plus tard, ceux qui ont échappé à la mort se divisent en deux classes : les uns se livrent aux travaux manuels pour gagner leur vie ; les autres vont à l'école, et, si le roi le permet, à Calcutta ou à Rangoon, ou tout simplement chez les missionnaires établis à Mandalay. Il ne vient à l'idée de personne de contester la supériorité de l'Europe, et cependant ce qu'on connaît de nous dans ce pays ne devrait pas engager dans cette voie.

Le roi est le plus entiché de tous les Birmans de l'idée d'attirer des Européens, et quoique trompé sans cesse par eux, il ne se lasse pas d'essayer. Sa bonne volonté toutefois est sans cesse arrêtée par des obstacles imprévus et futiles provenant de son orgueil, de son ignorance, et plus souvent encore des déréglements de son imagination et des mauvais conseils dont il est entouré ; vieux, méfiant, volontaire, sans suite dans les idées, superstitieux à l'excès, ce prince subit absolument les influences du clergé bouddhiste et ne fait jamais rien sans consulter les ponguis (bonzes birmans) et sans apprendre d'eux si les circonstances dans lesquelles il va agir sont propices ou néfastes. Il a couvert le pays de pagodes et de monastères, et l'on peut compter les moines bouddhistes par milliers. Chaque matin ils se répandent dans la ville et, sous prétexte de mendier, entrent dans toutes les maisons, se mêlent de tout ce qui s'y passe et imposent leur manière de voir. Mais là encore, ce qui serait odieux dans un autre pays est supportable, grâce à la bonhomie birmane qui exclut tous les genres de fanatisme ; le roi et ses sujets voient d'un aussi bon œil, d'un meilleur peut-être même les missionnaires chrétiens que les prêtres de Bouddha. L'église, l'école, l'évêché catholique ont été bâtis par le roi, qui entretient en outre un certain nombre d'enfants chez les sœurs, et paye régulièrement leur pension ; c'est lui également qui a fait les frais de l'établissement des sociétés bibliques protestantes, pour lesquelles, d'ailleurs, il a peu de sympathie. Dans ces pays aimés du soleil,

l'homme éprouve le besoin des manifestations exté-
rieures du culte, et il lui semble qu'adorer Dieu
sans encens, sans lumières, sans fleurs, c'est lui
manquer de respect. Puis les bouddhistes s'accommodent difficilement avec l'idée d'un clergé marié ;
la vie du prêtre ne doit pas être celle de tout le
monde ; il doit s'y mêler une dose assez forte d'ascétisme.

Le palais à Mandalay est le centre et la vie des
affaires ; y entre qui veut, et le roi reçoit indistincte-
ment tous ceux qui réclament une audience. Il traite
par lui-même les affaires les plus dissemblables, et
aime à entrer dans les détails les plus minutieux,
se figurant qu'il est très-adroit de discuter les centimes et de laisser voler les francs. Le palais est une
sorte de capharnaüm où il y a de tout ; on y rencontre
des gens allant adorer l'éléphant blanc, qui, entre
parenthèse, est gris de fer, tandis que d'autres vont
aux tribunaux discuter un procès embrouillé ; puis
ce sont les courtisans se rendant chez le roi ou chez
les reines, et les curieux allant visiter les différentes
fabriques qui fonctionnent dans le palais ; ce qu'il
entre de boîtes à musique, de parfumerie, de bibelots
de toutes sortes est vraiment incroyable ; ce sont de
véritables magasins ; quand il y a trop-plein, le roi
paye ses fonctionnaires en nature.

Rien n'est plus extraordinaire que de voir tout
ce monde ; chacun suivi de domestiques portant ses

sandales, sa boîte à bétel et son éventail, court à ses affaires ; un Persan heurte un indigène, tandis qu'un Chinois embarrasse sa queue dans les boutons du paletot d'un Italien ; tout à coup on voit toute cette foule s'effondrer dans la poussière : c'est qu'on est devant une niche de Bouddha, ou tout simplement devant la voiture ou le parasol du roi.

Tout se passe en public ; les affaires les plus importantes ne peuvent être tenues secrètes plus d'une demi-heure. Cela tient à deux causes : d'abord les domestiques entrant partout, même chez le roi, sous prétexte de servir leurs maîtres, écoutent et rapportent tout ce qui se dit ; ensuite les Birmans écrivent toutes leurs dépêches sur de grands cartons noirs semblables à des ardoises, de sorte que le messager peut toujours lire ce qu'on le charge de porter.

L'administration du pays est à la fois des plus simples et des plus compliquées ; c'est le régime du bon plaisir dans toute l'acception du mot, et l'administration se trouve entravée par tous les caprices passagers du prince. Le gouvernement se compose d'un certain nombre de ministres appelés menguis ; ils sont plus ou moins nombreux, suivant la volonté royale ; en ce moment il y en a quatre. Aucun d'eux n'a de charge spéciale, mais ils s'occupent tous de toutes les affaires, se contrecarrent, intriguent les uns contre les autres et embrouillent les choses pour empêcher la solution proposée par le voisin.

Pendant que l'un d'eux était envoyé en Europe en mission, un autre était employé à surveiller le forage des puits de pétrole ; le troisième est un vieillard auquel la légende donne cent deux ans, mais qui réellement n'en a que quatre-vingts ; son seul titre à la faveur royale, c'est d'avoir eu le cou à moitié coupé lors de la rébellion des fils du roi, qui, trouvant que l'héritage paternel se faisait bien attendre, voulaient s'emparer de leur père et l'enfermer dans un couvent ; ce vieillard ne peut plus ni parler, ni se lever, ni même manger seul.

Au-dessous de ces quatre personnages se trouvent les woudoucks, titre qu'on pourrait peut-être, pour en donner une idée exacte, traduire par celui de sous-secrétaire d'État ; ils discutent également toutes les affaires ; leur influence égale celle des menguis ; les affaires civiles et criminelles sont déférées à un tribunal composé de ces fonctionnaires et jugées d'après le code de Manou, qui est à la fois civil et religieux. Cette loi est généralement respectée ; cependant parfois elle plie devant un caprice royal. Les ponguis s'émeuvent alors, font des remontrances, et menacent le roi, s'il persiste, d'un million d'existences à l'état de chameau ou de cheval de poste. Ils réussissent souvent ainsi à faire rapporter des jugements ou à obtenir les décrets les plus absurdes et les plus contraires aux intérêts du pays.

Toute la journée le roi s'occupe de ses affaires

privées, faisant venir les marchands pour causer avec eux de ses projets de monopole en discutant ses commandes. Le soir, il appelle ses ministres ; il reste avec eux assez tard, parlant un peu de tout, sous prétexte de politique ; chaque nuit, un certain nombre de ces fonctionaires couchent au palais, où ils font le service d'aides de camp.

En dehors de ces dignitaires, il y a une foule de fonctionnaires, d'officiers, d'écrivains ; ce sont les gouverneurs des villes, des districts, les employés de police, les interprètes, les rédacteurs, les officiers commandant des troupes qui n'existent pas, les régisseurs des domaines royaux, des couvents, de la douane, du télégraphe ; c'est à n'en pas finir, et à croire qu'il y a autant d'employés que de Birmans. Tout ce monde vit comme il peut et tâche d'attraper quelque lambeau des largesses royales. Ce palais avec ses trous à rat dorés, ce roi avec ses oripeaux étincelants, ce mélange de luxe et de misère, de rubis introuvables montés sur des cercles de cuivre, de bibelots à treize sous et de coupes d'or ciselé ; tous ces personnages avec leurs coiffures étranges et leurs uniformes d'opérette, en velours brodé, couvrant leurs épaules, mais négligeant absolument les jambes ; tout cela est d'un comique achevé, et ce serait ravissant si la musique qui précède nos éléphants était d'Offenbach ou de Lecoq.

Mais si cette manière d'agir si pittoresque est

drôle à voir, elle devient moins amusante dès qu'on a des affaires sérieuses à traiter; il faut une patience d'ange pour assister à d'interminables conférences où l'on parle des heures entières sans jamais arriver à aucun résultat. Cet état de choses avait du moins l'avantage de nous laisser des loisirs et de nous permettre de visiter la ville et les environs. En fait de monuments, la nouvelle capitale de la Birmanie n'est pas très-riche : ce sont toujours les mêmes pagodes dans le genre de celle de Rangoon, dont il est difficile de donner une description avec la plume; elles paraissent fort originales à première vue et deviennent fastidieuses par leur multiplicité; sans compter que l'or dont on recouvre les toitures est une véritable perte pour le pays qui manque de métaux précieux.

La ville de Mandalay proprement dite n'est pas très-grande; c'est un carré parfait entouré d'une muraille crénelée et d'un fossé rempli d'eau, tout à fait comme en Chine; elle est presque entièrement remplie par le palais et ses dépendances; cependant tous les fonctionnaires y possèdent une maison, ainsi que les fournisseurs nécessaires à la vie matérielle de ce monde officiel; mais la vraie ville commerçante, c'est celle qui s'étend en dehors des murailles. Comme Mandalay est de création récente et qu'on n'a aucun besoin de ménager le terrain, les rues ont été tracées à l'instar de celles des villes anglaises, larges et spacieuses ; ce sont plutôt des avenues ; les maisons sont éloignées les unes des autres, ce qui rend les distances énormes ; mais ces séparations sont indispensables dans un pays où la maçonnerie est complétement ignorée, et où toutes les maisons sont exclusivement construites en bois. Les Persans sont les seuls qui fassent exception à cette règle générale ; on les sait fort riches, et l'on croit leurs maisons remplies d'objets précieux. La tentation de mettre le feu à la bicoque voisine et de profiter du tumulte de l'incendie pour piller à son aise le voisin, paraît irrésistible. Pour l'empêcher de naître, les Persans se sont enfermés dans de grossiers quadrilatères de maçonnerie, percés de fenêtres garnies de métal et privées de tout ce qui pourrait être ou devenir un aliment pour le feu. Ces Persans sont une des curiosités de Mandalay ; protégés ou sujets anglais, ils peuvent avec cette garantie se livrer sans crainte à leurs opérations commerciales, et il est intéressant d'observer combien leur supériorité intellectuelle sur les Birmans est grande ; ils se partagent avec deux maisons anglaises, le Burmah Cie et M. Sutherland, tout le commerce de la Birmanie indépendante ; ils ont leurs grandes entrées au palais, et le roi compte avec eux ; le commerce des étoffes et celui des pierres précieuses sont les principales branches de leur industrie. La plupart d'entre eux, quoique nés à Rangoon ou dans les Indes, ajoutent à leur nom celui de la ville de Perse dont ils sont originaires et annoncent hautement l'intention de rentrer un jour dans leur patrie, désir qu'ils ne réaliseront jamais, préférant à tout la sécurité que leur donne la protection anglaise.

Les Chinois aussi sont très-nombreux à Mandalay; leur émigration provient de deux sources : le Yunan et Amoy. Les premiers sont musulmans et ont fui en Birmanie pour échapper aux vengeances du gouvernement chinois lors de la défaite de l'insurrection musulmane ; ils sont misérables, peu intelligents, et tâchent de gagner leur vie dans les gros travaux. Les autres sont des émigrants volontaires, venus dans les détroits pour chercher fortune et s'étant étendus de proche en proche de Singapour à Moulmein, à Rangoon, à Mandalay, où, comme partout où ils se trouvent, ils se sont emparés des métiers et du petit commerce, tuant toute concurrence, même celle des Birmans, et liés entre eux par des règles de corporation et des statuts de franc-maçonnerie si rigides et si bien observés qu'à chaque instant on craint de les voir entreprendre une grève à main armée ; aussi les autorités locales ont-elles une peur folle de ces incommodes colons, et se gardent-elles de leur donner aucun motif légitime de mécontentement.

Quant aux Européens, ils sont peu nombreux et se divisent en deux classes : ceux qui vivent de la cour et ceux qui appartiennent soit au service anglais, soit à celui des grandes maisons de commerce. Les premiers forment la collection la plus amusante d'originaux qu'on puisse imaginer, et s'il était permis de l'écrire, l'histoire de cette colonie serait des plus instructives ; mais la loi Guilloutet est là suspendue comme une épée de Damoclès ; il faut donc glisser sur ce sujet scabreux, et se borner à dire que, pour l'instant, ce sont les Italiens qui tiennent la tête dans cette société, grâce à l'appui non déguisé que leur donne leur gouvernement. Comme partout aux Indes, il y a des Portugais à Mandalay, tenant le milieu entre les Européens et les indigènes, n'étant ni l'un ni l'autre et achevant, si c'est possible, l'abaissement de leur race par des mariages qui, à chaque génération, leur font descendre un échelon de plus vers le sang jaune.

Les missionnaires catholiques, quoique fort estimés à la cour, font peu de prosélytes : le bouddhisme est une croyance neutre qui se prête à toutes les combinaisons ; les vérités prêchées par le christianisme peuvent être appréciées sans pour cela empêcher de brûler de petits bâtons d'encens en l'honneur de Godama. Les Birmans, pas plus que les autres membres de la famille touranienne, n'ont aucune disposition pour la métaphysique, et les questions de dogme les laissent absolument indifférents ; le besoin d'adorer quelque chose de supérieur et d'inconnu se fait sentir à ces gens comme au reste de l'humanité ; mais là se borne, pour me servir d'une expression moderne, leur *religiosité*. Dans ces conditions, le christianisme n'est ni sympathique ni antipathique ; il est indifférent ; on ne le discute pas. Les prêtres sont vertueux ; ils mènent une vie de privation volontaire ; ils sont donc respectables ; les tourmenter serait odieux ; mais, au fond, pourquoi les suivre et abandonner les bonzes ? Brûler de l'encens en bâton ou dans un vase, chanter les louanges du Bouddha dans une langue ou dans une autre, n'est-ce pas la même chose ? Pourquoi donc désobliger les bonzes, qui sont nos concitoyens ? Tel est l'état de l'opinion publique en matière philosophique et religieuse à Mandalay. Il n'y a pas lieu de s'étonner après cela si, le dimanche, l'église est remplie exclusivement par les Européens et les Portugais ; les quelques conversions birmanes ne valent pas la peine d'en parler ; ce sont les exceptions qui confirment la règle.

Les environs de Mandalay sont délicieux ; il y a des promenades charmantes à faire. Notre première sortie fut une visite aux ruines d'Awa et d'Amarapoura. De la première il ne reste rien ; quant à la seconde, on voit encore l'enceinte murée de la ville et le fossé qui l'entourait. Aujourd'hui la végétation a repris ses droits ; les herbes, les lianes, les arbustes et même les arbres recouvrent totalement le sol et

ne laissent aucune place vide; les lacs de plaisance
sont employés aujourd'hui à arroser des rizières où
vivent des milliers de bécassines ; impossible de
trouver une plus belle chasse à tir; cet exercice étant
absolument interdit par le roi, le gibier pullule
dans ces parages, et quand on a le bonheur de ne
pas être bouddhiste, on peut s'amuser comme nulle
part.

Nous partions souvent le matin de très-bonne
heure sur ces petits poneys birmans, vicieux, mais
rapides; nous étions en une heure et demie sur ces
terrains giboyeux, et nous revenions vers le soir après
avoir chassé toute la matinée et avoir fait la sieste
sous un arbre pendant les heures chaudes.

Une autre fois, nous nous sommes avancés un peu
plus dans l'intérieur du pays ; il s'agissait d'aller
voir une forêt d'aréquiers. Nous sommes partis le
matin à dos d'éléphant, car il s'agissait d'une véritable
expédition. La lenteur de la marche de ces animaux
rend le séjour sur leur dos assez désagréable ; on est
mal assis dans l'espèce de corbeille qui sert de selle,
et ce mode de locomotion devient un véritable supplice lorsque l'on traverse des terrains découverts et
poussiéreux ; l'éléphant devient de très-mauvaise
humeur dès qu'il n'a plus d'eau à sa portée ; car il a
l'habitude de remplir de liquide ses réservoirs intérieurs dans lesquels il pompe à l'aide de sa trompe,
qui lui sert également de tuyau d'arrosage. Après

un voyage de huit heures, nous arrivons en face d'une délicieuse rivière aux eaux vives, courantes et bleues ; c'était charmant. On débarrassa nos éléphants de nos personnes, de nos bagages et même de leur harnachement, que l'on mit dans un bac. Ils entrèrent avec joie dans cette rivière enchantée et la traversèrent à la nage ; mais comme ces animaux ne font rien comme *tout le monde,* ils ont une manière à eux de nager qui consiste à se laisser entièrement couler et à tenir leur trompe seulement hors de l'eau. Le cornac profite de l'ilot formé par leur tête pour se tenir debout, et se livre à des exercices de haute voltige pour ne pas être jeté dans le courant, ce qui serait, du reste, un petit malheur, vu que tous les Birmans nagent comme des poissons, et qu'un bain même forcé dans une rivière bien claire et bien limpide par une température de trente-cinq degrés n'est pas un accident bien terrible.

Le soir, nous arrivons un peu tard au village où nous devions passer la nuit. Notre installation fut des plus vite faite ; des matelas de varech étalés par terre sous une véranda la plus aérée possible formèrent une chambre à coucher des plus agréables ; quant à la nourriture, nous commençâmes par nous gorger de lait de coco, non que ce soit une boisson très-agréable, mais c'est la seule inoffensive que l'on puisse prendre dans ces pays, où les eaux renferment toujours les germes des maladies les plus dangereuses. Lorsque la noix de coco est très-jeune et que par conséquent le liquide qu'elle renferme a encore peu de consistance, c'est une boisson en tous cas très-fraîche et très-saine. Pendant que nous étanchions une soif de douze heures, les villageois avaient fait cuire du riz et préparé un curry aux petites courges, qui fut le bienvenu et fort apprécié; après quoi nous nous couchâmes. Le sommeil ne se fit pas attendre, et le lendemain à l'aube nous étions frais et dispos. L'étape n'était pas longue, et à midi nous étions arrivés à la station la plus proche des aréquiers. On ne peut rien voir de plus ravissant que ces forêts, ni de plus original; c'est une véritable serre à perte de vue dans laquelle voltigent les oiseaux au plumage le plus varié au milieu de fleurs splendides.

Voyager pendant deux jours à dos d'éléphant, par une chaleur suffocante, pour aller voir quelques arbres, cela peut paraître à première vue un peu déraisonnable, et tenterait peu de monde; cependant, en réfléchissant, on conviendra avec nous que le voyageur doit voir dans un pays tout ce qui constitue son originalité; or la Birmanie est surtout remarquable par sa végétation; il faut donc voir cette végétation de près et l'admirer dans ses plus beaux sites.

Pour ne pas revenir par la même route, on avait organisé une chasse dans une forêt voisine, où nous ne vîmes qu'un soleil éblouissant et des chemins poussiéreux bordés d'aloès et de cactus. Mais là commencèrent pour nous de véritables aventures. Séparés, je ne sais pourquoi, des animaux qui portaient la cuisine et les bagages, il nous fut impossible de les retrouver, ce qui nous força de coucher sur les planches d'une véranda et de souper avec des noix de coco et un curry que les habitants d'un village nous firent, non sans rechigner beaucoup. Rien n'est plus simple que de s'égarer dans ces immenses forêts où il n'y a pour ainsi dire aucune route tracée et où les éléphants frayent avec leur trompe le chemin qu'ils veulent suivre.

Cette excursion, loin de nous décourager, nous avait au contraire mis en goût, et quelques jours après nous allions visiter une forêt de teck. Cette fois nous partions en bateau, le cours d'eau qui alimente les fossés de la ville de Mandalay devant nous mener presque jusqu'à notre destination. C'était merveilleux : au moment de notre embarquement, le soleil se couchait, embrasant le ciel de ses rayons orangés; des gerbes de flamme s'élevaient au-dessus des arbres qui cachaient l'énorme disque. Toute la nature se préparait au repos ; dans ces pays il n'y a pour ainsi dire pas de crépuscule, et la nuit succède sans transition au jour.

Les laboureurs regagnaient leurs chaumières, courbés sous le poids d'un fagot ou d'une botte d'herbes;

les troupeaux rentraient, poussés par des femmes et des enfants; les oiseaux chantaient en cherchant la branche qui devait les abriter, et la cigale remplissait l'air de son cri strident et métallique. Peu à peu tous ces bruits s'éteignirent, la vie diurne cessa et livra la place aux noctambules, insectes au chant plaintif et douloureux, lucioles dont l'éclat ressemble à un jet de lumière électrique, oiseaux au cri sinistre. Tout un autre monde s'éveillait : les plantes, rafraichies par la rosée, livraient à la brise un parfum nouveau; des fleurs fermées l'instant d'avant ouvraient leurs pétales et respiraient joyeusement cet air imprégné de langueur et de poésie, tandis que d'autres, pleurant le soleil absent, penchaient languissantes sur leurs tiges desséchées.

Notre barque glissait silencieuse sur un miroir, où se reflétaient les myriades d'étoiles suspendues dans la voûte bleue du ciel. C'était la nuit des pays chauds, dans toute sa splendeur, nuit qu'on n'oublie plus et qu'on voudrait chanter, instant délicieux où toutes les souffrances cessent, où le cerveau fermente et où la pensée s'envole au pays des rêves sur les ailes de l'imagination. De temps en temps le canal se rétrécissait, et nous passions sous une véritable voûte de verdure, si épaisse que la pâle clarté des étoiles ne pouvait la traverser; c'était l'obscurité du gouffre; nous n'osions nous transmettre nos impressions ni même parler : si le bruit de nos voix allait dissiper cette extase !

Mais tout a une fin ici-bas, et bientôt l'étoile du matin nous annonça l'approche du soleil, qui était déjà haut quand nous arrivâmes au terme de cette délicieuse navigation, qui finit comme elle avait commencé, par un admirable spectacle. Le village était entouré de bois d'aréquiers en fleur entre-mêlés de cocotiers, de bananiers et d'arbres dont j'ignore le nom ; les orchidées luttaient d'éclat avec les grappes rouges de l'aréquier, et les fleurs jaunes et pourpres des cactus et des aloès lançaient vers le ciel cette tige, présage de mort ; les singes lut-taient d'agilité avec les oiseaux et semblaient tout joyeux de sortir de l'immobilité à laquelle l'obscu-rité les avait condamnés.

Nous poursuivons notre route à cheval, à travers une contrée légèrement accidentée ; la chaleur est terrible, et la fatigue augmentée par les nuages de poussière dont nous sommes enveloppés. Chaque fois que nous trouvons un bois de cocotiers, nous nous arrêtons ; un de nos suivants monte à l'arbre, abat quelques fruits dont nous buvons avec avidité le lait dont nous avons déjà tant parlé. Ce fruit, conte-nant un demi-litre à peu près d'eau sucrée glacée, est un véritable don de la Providence, dans ces pays où l'eau des ruisseaux pourrait cuire des œufs. Ce fruit met en défaut la sagesse du fabuliste, car s'il n'était gros que comme un gland, ou s'il gisait en contact avec un sol brûlant, il ne serait d'aucune ressource pour le voyageur.

A défaut de coco, deux ou trois fois on nous donne ce qu'on appelle du vin de palmier, c'est-à-dire la séve exceptionnellement abondante de cet arbre, que l'on recueille dans un vase. Mais cette boisson est tout de suite fermentée et d'une saveur peu agréable pour les palais européens.

Enfin nous arrivons à cette forêt tant désirée; un coup d'œil sur ces arbres splendides suffit pour faire oublier les fatigues de la route. Figurez-vous des arbres droits comme des peupliers, ayant une hauteur de trois à quatre cents pieds et environ six mètres de circonférence. Les troncs, lisses comme un mât de navire, sont terminés par une couronne de verdure qui fait voûte et intercepte les rayons du soleil d'une telle façon que les lianes et autres parasites végétaux qui encombrent les forêts tropicales ne peuvent pousser et sont remplacés par un imperceptible gazon qui, suivant l'expression du poëte persan, ressemble à un velours fait d'émeraudes.

On peut donc circuler sous ces forêts où vous attend le spectacle le plus étrange, celui d'une flore aérienne. A tous ces troncs pendent des grappes d'orchidées blanches, roses, jaunes; quelques-unes exhalent des parfums si pénétrants que l'air est embaumé; tout un monde de mouches et d'insectes bourdonne autour de ces fleurs éthérées; mais les petits oiseaux sont les fidèles gardiens de ces beautés; ils se livrent sans relâche à la destruction de ces bataillons d'ennemis; tout ce monde aérien vit, bourdonne, chante et donne une animation extraordinaire à ces forêts. Nous avions placé notre centre d'observation sur un rocher plat situé dans le lit d'un torrent; ce bloc de granit interceptait presque complétement le passage des eaux, qui, retenues un instant par cet obstacle imprévu, formaient une sorte de petite mare où toutes les bêtes du voisinage venaient boire et se baigner. C'est là que nous vîmes pour la première fois des poules et des coqs sauvages, gibier exquis, mais très-difficile à trouver et même à tirer: autant les poulets domestiques sont familiers, autant les poulets sauvages sont défiants; au moindre bruit, ils rentrent dans des buissons dont il est impossible de les faire sortir.

On nous promettait, si nous restions jusqu'au soir, de nous faire tirer des cerfs et peut-être même des grands fauves; mais notre temps était compté, et nous devions être rentrés à Mandalay presqu'à heure fixe, pour assister à une grande fête populaire que le roi avait organisée à notre intention.

L'éléphant est l'animal de la Birmanie; les services qu'il rend aux hommes sont si variés et si nombreux qu'on s'explique difficilement ce que deviendrait le pays sans le concours de cet être dont la force égale l'intelligence ; aussi les Birmans attachent-ils un intérêt tout particulier à tout ce qui touche à cet animal, qu'ils vont même quelquefois jusqu'à adorer, aussitôt que sa couleur ou que la forme de ses défenses offre quelque particularité.

La capture d'un éléphant sauvage pour le domestiquer est l'objet d'une fête nationale ; le jour où cet événement doit se produire est annoncé longtemps à l'avance, et personne ne manque au rendez-vous. C'est certainement un des spectacles les plus intéressants auxquels on puisse assister. Voici comment les choses se passent : le roi possède un troupeau d'éléphants femelles qui ne travaillent jamais et qui, d'un bout de l'année à l'autre, sont exclusivement occupés à la chasse des éléphants sauvages. Suffisamment domestiquées pour écouter la voix de leur cornac et ne jamais se séparer de leurs compagnes, ces dames ont cependant gardé un parfum d'indépendance assez complet pour tromper les simples habitants des forêts. Conduites par leurs cornacs dans les lieux fréquentés par leurs congénères nomades, elles font des connaissances, et peu à peu les entraînent hors de la forêt ; c'est, paraît-il, le moment critique ; quel que soit le charme de ces sirènes, l'éléphant a toujours un instant d'hésitation au moment de quitter, pour les suivre, ses anciens compagnons ; mais une fois ce pas franchi, sa liberté est perdue à tout jamais.

De coquetterie en coquetterie, et de prairie en
prairie, le malheureux est amené, sans qu'il s'en
aperçoive, du côté d'Amarapoura ; chaque fois qu'un
remords lui traverse le cœur ou un soupçon l'esprit,
et qu'il veut fuir vers ses forêts, il se trouve au mi
lieu d'un cercle impénétrable ; on l'entoure, on lui
fait tout bas dans le creux de l'oreille de ces pro-
messes dont l'influence est irrésistible. Là-bas, derrière
ce bois de cocotiers, lui murmure-t-on, existe un grand
lacaux eaux bleues et profondes , ombragé par de
grands peupliers et entouré de champs de cannes à
sucre et de bosquets de bananiers ; c'est là l'endroit où il
faut vivre, aimer et mourir ; nulle part la lune n'est
plus argentée, la brise plus douce et plus embaumée.
Viens, viens. Et l'éléphant suit, tout ému de ces pro-
messes enchanteresses. Parfois cependant il se méfie, il flaire un piége, et, faisant un effort énergique
sur lui-même, il se décide à quitter cette compagnie
dangereuse et à rentrer dans sa forêt. Les idylles
cessent et font place au drame ; toutes ces dames réunissent leurs efforts et se mettent à battre le pauvre
amoureux de la façon la plus cruelle.

Chaque jour le cornac envoie à Mandalay des nouvelles de son expédition, et raconte les péripéties de
l'aventure dont les éléphants confiées à sa garde sont
les héroïnes, et quand il approche d'Amarapoura, on
commence les préparatifs de la fête ; on en fixe la
date, que l'on publie à son de trompe dans les rues ;

le grand jour arrivé, la ville entière est debout, et toute la population se transporte dans ses habits de fête à l'endroit où le malheureux éléphant va payer de sa liberté les faiblesses de son cœur.

C'est un grand carré entouré d'une double enceinte de gros murs en briques, reliés ensemble par une terrasse où se tient le public.

Quand nous arrivons, sauf dans la tribune qui nous est réservée, toutes les places sont prises, et des milliers d'individus, ne pouvant entrer, en sont réduits à se contenter du spectacle des préliminaires, qui certes ne sont pas les moins intéressants.

Il s'agit de faire entrer l'éléphant sauvage dans cette enceinte, et de l'y lier assez solidement pour qu'on puisse procéder à sa domestication sans danger.

On nous montre, à cent mètres environ, les éléphants couchés dans les herbes qui bordent un petit étang ; au cri du cornac qui les appelle, tous se lèvent et se dirigent vers nous, entraînant dans leur mouvement leur victime, un bel adolescent d'une vingtaine d'années, qui a l'air un peu ahuri de tout ce bruit et de ce déploiement de couleurs dont il ignore le but.

Le troupeau approche, il touche la poterne : entrera-t-il ? n'entrera-t-il pas ? l'émotion est à son comble. Les éléphants d'avant-garde chargent la foule pour faire place ; ils trouvent la poterne ouverte et entrent ; mais tous les doutes du malheureux captif se changent en certitude : c'est un piége ; il n'est que temps de fuir. Trop tard, ce mot cruel devant lequel viennent se briser tous les remords et s'accomplir toutes les révolutions, résonne à son oreille. C'est égal, tentons. Et, prompt comme la foudre, ledit éléphant frappe à gauche et à droite celles qu l'ont induit dans ce piége, et s'enfuit vers la forêt. C'est un désarroi dont rien ne peut donner l'idée ; tout le monde crie à la fois ; on applaudit le fuyard, on siffle le cornac et ses troupes. Ces dernières, sensibles à l'injure, répondent à la foule ; ce sont des cris terribles. Tout le monde commande, personne n'obéit. Quant à l'éléphant, il file aussi vite que le lui permettent et son poids et les fatigues des jours précédents ; mais il ne connaît pas le pays dans lequel il se trouve ; il hésite sur le choix de sa direction ; c'est sa perte : les éléphants du roi, montés chacun par un cornac, se mettent à sa poursuite. Ce sont des animaux dans la force de l'âge, superbes de santé ; ils ont vite rattrapé le fuyard. Le combat s'engage : la tête haute, la trompe en l'air, il se précipite sur ses assaillants, et l'on entend le son des coups, son sourd et profond comme celui d'un marteau de forge. Mais ils sont dix, vingt contre un ; toute lutte est inutile, et bientôt le prisonnier, maté et maintenu par les terribles défenses de ses adversaires, est ramené vers la fatale poterne ; les *éléphanes* (le mot est-il français ?) sont ravies et manifestent leur joie par des gambades qui coûtent la vie à cinq ou six personnes ; mais qu'importe ! être tué par un éléphant est considéré par les Birmans comme une grâce de Bouddha, et puis la foule est bien trop excitée pour détourner son attention du drame principal. Entrera-t-il cette fois ? il touche presque à la poterne ; tout le monde est haletant, on entendrait une mouche voler. Au bout de quelques secondes, une clameur terrible s'élève : le brave éléphant ! il s'est sauvé encore une fois. Il se dirige vers le lac ; s'il arrive avant ses ennemis, il est sauvé ; aussi comme il court ! Mais il est épuisé de fatigue ; l'écume sort de sa bouche ; ses jambes tremblent ; une sorte de vapeur chaude, sortant de son corps, fait comme une sorte de buée autour de lui ; et plus une goutte d'eau dans son réservoir intérieur pour éteindre ce feu ; vainement il fouille cette cavité de sa trompe, elle en sort plus sèche, plus brûlante.

Un des grands éléphants l'atteint ; il n'a plus la force de combattre ; les coups de pique du cornac n'arrivent même plus à exciter sa colère ; il se sent perdu, et lorsque les deux défenses de cet énorme éléphant s'aplatissent sur ses reins et les font ployer, la douleur lui arrache un dernier cri si profond, si triste qu'on dirait un sanglot.

Mais à la lutte a succédé l'apathie ; la victime se sait perdue, et cesse une résistance inutile ; mais elle refuse de marcher au supplice et se couche ; impossible de la faire lever. Le peuple, cet enfant cruel, s'impatiente ; il n'est pas venu pour rien ; on lui a promis la capture d'un éléphant, il veut qu'on tienne la promesse ; mais que faire ? le premier qui s'approchera est un homme mort. On a recours aux sirènes qui l'ont réduit à cet état misérable : les hommes savent combien on est faible quand on aime. Le moyen réussit ; l'éléphant, après quelques façons, écoute les propos séduisants de ses compagnes. Que lui promettent-elles ? Un bain d'abord, car tout le monde se dirige vers le lac ; mais que le sexe faible est perfide ! une conversion habile ramène tout ce troupeau vers la poterne, et cette fois c'est au trot qu'on la franchit ; aussitôt le cortége entré, la poterne se referme, et avant que l'éléphant ait eu le temps de se rendre compte de ce qui se passe, toutes les femelles sortent par la porte opposée, qu'on referme immédiatement sur elles.

Et le voilà seul au milieu de cette cour, hué par cent mille voix. Ahuri par ce tapage, intimidé par cette foule, il ne sait que faire ; il s'arrête, regarde, cherche de l'œil une issue pour fuir, une retraite pour se cacher ; puis tout à coup il change d'avis, il se met à courir comme un fou dans l'enceinte qui l'enferme ; des hommes, cachés derrière une palissade de madriers, sortent de leur retraite, se mettent à gambader autour de lui ; les uns agitent des mouchoirs

devant ses yeux, d'autres le harcèlent avec des aiguil-
lons ; celui-ci se pend à son oreille, tandis que celui-
là fait partir un feu d'artifice sous son nez. Le malheureux éléphant ne sait auquel entendre ; il court
après ses ennemis, qui, légers comme la plume, s'en-
fuient devant lui et qui, dans les cas pressés, trouvent
un refuge derrière la palissade ; quelquefois l'éléphant est si lancé qu'il ne peut s'arrêter court, et
que son front vient frapper de toute sa force contre
les madriers ; d'autres fois, c'est l'homme qui glisse
ou qui se laisse surprendre trop loin de son refuge ; l'éléphant ne se donne pas la peine de le
frapper ; il touche seulement son ennemi, et il tombe
foudroyé.

On occupe l'éléphant de l'autre côté de l'enceinte
pour enlever le cadavre, et tout est dit : qu'importe
à la foule la mort d'un homme ? tous croient à la métempsycose.

Cependant les forces de l'éléphant commencent
à trahir son courage ; il est épuisé, ou peu s'en faut ;
le moment est venu de terminer la cérémonie. On
rouvre la poterne qui donne sur un étroit couloir de
dix à douze mètres de longueur, et lorsque l'éléphant
est engagé dans cette impasse, on ferme les issues derrière lui, et, profitant de son état d'épuisement, on
procède à son enchaînement. On commence par lui
prendre les oreilles dans des nœuds coulants, que
l'on serre à volonté ; c'est, paraît-il, la partie sensible

de l'animal; puis successivement on l'entrave, et l'on
finit par le lier d'une façon si étroite qu'il ne peut
plus faire un mouvement. On le laisse dans cet état
quatre ou cinq jours, à la diète absolue, sans même
lui donner d'eau; trois ou quatre fois par jour, on
amène près de lui des éléphants domestiques qui le
rossent à fond; puis son futur cornac lui apporte un
peu d'eau, le caresse, le console, s'insinue dans sa
confiance. Ce travail de domestication ne dure pas
longtemps; il suffit en général d'une dizaine de jours
pour amener l'éléphant à l'état privé; si ce délai ne
suffit pas, l'animal meurt, car il ne saurait supporter
plus longtemps la privation d'eau et de bains.

Une fois ce premier résultat obtenu, le reste de
l'éducation se fait petit à petit et suivant les nécessités du service auquel on le destine. Les Birmans,
et en général tous ceux qui ont vécu dans l'intimité
des éléphants prétendent, que son intelligence est au
moins égale, sinon supérieure à celle du chien; le
fait est qu'on arrive à faire faire aux éléphants des
choses étonnantes. Cet animal joint à une force presque incalculable une adresse et une légèreté qu'on
est loin d'attendre d'une aussi grosse masse. En outre,
et peut-être à cause de son invulnérabilité, il n'a
peur de rien. En voyage, il passe par les plus mauvais chemins, descend les pentes les plus escarpées
et, en cas de besoin, arrache avec sa trompe les arbres
qui interceptent son passage; il comprend si bien

ce que son cornac attend de lui que de temps à autre il se retourne pour bien regarder si la hauteur n'a pas changé, et il continue à casser les branches qui pourraient frotter la corbeille où sont assis ses passagers.

Comme ouvrier, l'éléphant ne le cède pas aux plus intelligents et dans les scieries mécaniques il fait à lui seul l'ouvrage de cent hommes; c'est vraiment étonnant. Lorsque la cloche annonce l'heure du travail, l'éléphant vient de lui-même dans les chantiers, et n'a besoin de personne pour lui montrer sa besogne. Elle consiste pour les uns à traîner d'immenses pièces de bois du lieu de leur débarquement au hangar où se trouvent les scies; on lui met pour cette besogne une sorte de collier d'où pendent deux chaînes en guise de traits; il sait parfaitement mettre et ôter le crochet avec sa trompe, et de lui-même il s'attelle à ces énormes arbres que le fleuve a apportés, et les traîne jusqu'à l'entrée de l'usine. Son instinct est si développé qu'il sait à merveille mettre et ranger le madrier devant la scie, de façon à ce que la machine suive la ligne tracée au crayon suivant l'habitude des charpentiers, et lorsque les troncs ont été divisés en planches, il sait également les transporter dans une autre partie du chantier, les mettre en pile et tenir compte des lois de l'alignement; sa connaissance du métier est telle qu'elle est à peine croyable; il faut absolument l'avoir vu pour l'admettre.

L'éléphant est réellement un ouvrier parfait ; il sait distinguer les sons de cloche, connaît les heures de travail et celles du repos, et la seule révolte qu'il se permette, c'est de temps à autre de s'échapper pour aller se plonger dans l'eau, lorsqu'il fait très-chaud ou que les insectes le tourmentent ; il oublie le devoir pour quelques instants, et rien ne saurait l'arrêter dans sa course vers la rivière.

L'éléphant n'est pas seulement un bon ouvrier, il est également, et suivant l'éducation qu'il a reçue, un admirable soldat, un chasseur émérite ou un portefaix sans pareil. Ce qui le rend apte à une domestication aussi complète, c'est la gourmandise ; il n'existe pas d'animal aussi épicurien que lui, et il y a bien peu de chose qu'il ne consente à faire pour une ration de cannes à sucre, un régime de bananes ou un fagot de multipliant.

L'industrie chez les Birmans est encore à l'état rudimentaire ; leurs étoffes de soie et de coton sont plus étranges que belles, et les méthodes industrielles sont si primitives que, malgré le bon marché de la main-d'œuvre, les prix se ressentent de la difficulté à vaincre ; aussi, sauf quelques soieries tout à fait nationales, dont la valeur énorme constitue un véritable luxe, la plupart des Birmans sont-ils vêtus d'étoffes européennes fabriquées sur des dessins birmans à Manchester.

De même pour les métaux, les usines européennes

offrent des produits d'une supériorité écrasante à
tous les points de vue, et l'industrie locale se borne
à la fabrication de quelques bijoux d'or et d'argent,
dont l'ornementation consiste presque exclusivement en repoussé. Les Birmans fabriquent aussi un
assez grand nombre d'idoles en cuivre et en albâtre,
et les boîtes de laque de toutes les formes et de toutes
les grandeurs faites à Mandalay font l'objet de transactions assez animées; enfin ils savent travailler
l'ivoire et l'ambre.

Quant aux produits naturels, le riz, les noix de
coco et d'arek, les bananes et la canne à sucre forment le fond de l'agriculture.

La grande richesse serait, paraît-il, dans l'exploitation des mines dont le pays abonde, mines
de pierres précieuses, de métaux d'or, d'argent,
de cuivre et de mercure, puits de pétrole, mines de
charbons de terre; les spéculateurs n'auraient que
l'embarras du choix; mais, d'une part, l'éducation
économique du roi n'est pas assez complète pour lui
permettre de juger sainement ces questions, et, de
l'autre, le gouvernement anglais apporte toutes les
entraves imaginables même aux entreprises de ses
nationaux. Ainsi qu'on l'a fait observer plus haut,
la Birmanie indépendante est considérée par les autorités anglaises comme une proie qui doit tomber
un peu plus tôt, un peu plus tard, entre leurs mains,
et elles ne se soucient nullement de trouver, alors

que le moment de l'annexion sera venu, des compagnies déjà existantes, jouissant de priviléges qu'il serait difficile de leur enlever et dont l'exercice gênerait la liberté d'action de l'administration.

Dire au roi de Birmanie qu'une mine de fer ou même une carrière d'albâtre peut constituer une richesse supérieure à celle que produit une mine d'or ou une carrière de rubis serait s'exposer à un échec certain. *A fortiori,* ce serait peine perdue que d'essayer de le convaincre que le fait seul d'une exploitation métallurgique prospère constitue un avantage suffisant pour le gouvernement, sans qu'il lui soit nécessaire d'y ajouter un bénéfice matériel sur le charbon ou le minerai.

Il est impossible de rencontrer un pays où les notions économiques soient aussi arriérées et aussi néfastes pour la prospérité du pays.

Les intérêts les plus sérieux, les plus réels, sont à chaque instant battus en brèche par les fantaisies les plus grotesques; tout doit plier devant l'orgueil du souverain, et il aimerait mieux engager une guerre qui lui coûterait son trône et probablement la vie que de céder sur un détail suranné d'étiquette.

CHAPITRE IV

En quittant Rangoon, nous sommes encore montés sur un steamer appartenant au British India Cie, tout aussi mauvais que celui qui nous avait amenés de Calcutta. Le second jour nous touchons à Moulmein, capitale d'un des trois districts de la Birmanie anglaise, où nous restons vingt-quatre heures chez un négociant suisse qui voulut bien nous offrir l'hospitalité. Notre hôte est à la tête d'une importante scierie mécanique, dont presque tout le travail est fait par des éléphants semblables à ceux dont nous avons raconté plus haut les prouesses. Le spectacle des allées et venues de ces animaux est si intéressant que la journée se passa à les regarder ; du reste, la ville de Moulmein ne nous offrait pas d'autres distractions ; c'est toujours la même ville que nous avions vue à Rangoon, avec cette différence toutefois que la société anglaise y est moins nombreuse et moins élégante.

Quant à la nature, elle est admirable. La côte de

Moulmein est un peu plus élevée que celle de Rangoon ; le Sagaïn étant moins important que l'Irraouaddi, son estuaire est moins large, et par conséquent, au lieu de marais comme à Rangoon, ce sont des collines qui entourent la ville. Ce mélange de rochers abrupts, d'eaux jaillissantes et de végétation exubérante compose un paysage des plus séduisants et donne à Moulmein un caractère pittoresque qui manque entièrement au reste de la Birmanie anglaise.

Vers le soir, lorsque la chaleur se fut un peu calmée, nous allâmes faire une visite aux établissements catholiques dirigés par un missionnaire français, M. l'abbé Guérin. Les missionnaires sont très-appréciés par les autorités anglaises, auxquelles, du reste, ils rendent de véritables services, et, quoique les Anglais soient protestants, ils subventionnent de la manière la plus généreuse leurs établissements, dont ils apprécient le mérite.

Dans presque toutes les colonies, on trouve une église catholique desservie par un ou plusieurs prêtres, une maison de frères où les enfants anglais reçoivent l'instruction gratuite, et un établissement de sœurs se composant d'un orphelinat et d'un pensionnat fréquenté surtout par des Irlandaises et des Portugaises.

Les missionnaires rendent un énorme service à la France en dissipant les préjugés qui existaient en

Angleterre contre cette nation. La plus grande partie de l'armée anglaise est composée d'Irlandais, et par conséquent de catholiques fervents ; tous ces soldats pratiquent sérieusement leur religion ; l'aumônier est donc en contact constant avec eux et jouit d'une influence réelle si salutaire que les officiers qui appartiennent pourtant à une autre religion ne font rien pour la diminuer. Au contraire, ils entourent ces eclésiastiques de respect et de prévenances ; il est vrai d'ajouter que jamais ces derniers ne sortent du cadre religieux et ne se mêlent des affaires du régiment. Il résulte cependant de ces rapports constants une sorte d'intimité qui détruit les préjugés qui ont existé pendant si longtemps entre Français et Anglais, et certainement il n'y a pas d'armée en Europe plus sympathique à la France que l'armée anglaise ; les souvenirs de Crimée sont religieusement conservés dans les mess des régiments, et partout où nous passons on fête les officiers qui m'accompagnent comme on fêterait des camarades.

Avant de quitter cette partie de l'Asie encore si mal connue en France, il est peut-être utile de dire quelques mots de son avenir commercial. Il est incontestable que la Birmanie, aussi bien celle qui appartient aux Anglais que celle qui est restée indépendante, offre des ressources de toute nature. En s'emparant de la côte, les Anglais ont espéré établir

leur domination sur tout le pays et faire du roi de
Birmanie une sorte de rajah indépendant de nom
mais en fait vassal du vice-roi des Indes. Ils on
atteint ce but dans une certaine proportion, car ils son
les maîtres de l'Irraouaddi, et rien ne peut entrer n
sortir de Mandalay sans leur permission; mais c
qu'ils n'ont pu conquérir, c'est la confiance de c
souverain qui préfère laisser les ressources de so
pays inexploitées plutôt que d'en tirer parti par l'in
termédiaire des Anglais. De même, s'ils ont p
s'emparer de provinces sans défense et s'y établi
d'une façon inexpugnable, ils ne sauraient empê
cher les populations soumises à leur loi de conserve
un respect et une affection filiale pour celui qui fu
si longtemps leur prince, et dont le nom représent
pour eux le principe même de leur nationalité
Sans doute les Birmans ne sont pas restés indifférent
au bon ordre, à la sécurité et à l'aisance qu'ils on
trouvés sous l'administration de leurs nouveau
maîtres, et beaucoup d'entre eux répugneraient
reprendre l'ancien joug; mais cela ne les empêch
pas d'avoir conservé un attachement sérieux pou
leur ancien roi et d'aimer en lui le soutien de leur
mœurs et de leurs croyances.

Il est d'opinion courante à Rangoon parmi le
marchands que la mort du roi de Birmanie sera l
signal de troubles intérieurs, et que le gouverne
ment anglais sera obligé, pour rétablir l'ordre

d'annexer la haute Birmanie jusqu'à Bhamo. Si cet événement se produit, ce sera à son corps défendant, car les dépenses occasionnées par cette conquête ne seront pas compensées par les avantages qu'elle procurera au commerce.

Il suffit de jeter un regard sur la carte pour voir qu'il faudrait un nombre de troupes considérable pour maintenir l'ordre, assurer la perception des impôts et rendre la justice sur un territoire s'étendant de Tayet-Mio à Bhamo; d'un autre côté, les illusions que l'on s'était faites sur l'ouverture de la Chine par cette route sont tombées. Le Yunan et le Kouei-tcheou, désolés par la guerre civile depuis cinquante ans, sont les provinces les plus pauvres et les moins peuplées de l'empire chinois, et sont de plus séparés de la Birmanie par une chaîne de montagnes habitées par des tribus indépendantes et sauvages, qui n'ont sur le bien d'autrui que des notions assez sommaires. Ainsi, d'une part, les ressources de la Birmanie restent stériles par suite de la volonté du souverain de ce pays de ne pas en livrer l'exploitation à des capitalistes anglais, et, de l'autre, il ne paraît pas certain que le résultat d'une conquête soit immédiatement avantageux à ses intérêts budgétaires. Ce sont donc les événements qui décideront de la solution de ce problème.

Le commerce anglais en Birmanie est organisé de

la façon la moins pratique, et l'on dirait qu'on s'est
entendu pour rendre la vie le plus cher possible;
aussi personne n'y fait fortune, la plupart des fonctionnaires sont endettés, et comptent uniquement
sur leur pension pour faire vivre leur vieillesse. Les
négociants établis depuis vingt ans ne sont pas dans
une position meilleure, et le plus grand nombre
d'entre eux ne possèdent pas un lac de roupies net
et clair. Si la vie était exceptionnellement luxueuse,
on pourrait s'expliquer cet état de choses; mais il
n'en est rien; c'est à l'incurie, au gaspillage, au
désordre, hôtes habituels de ces maisons, qu'est
due la gêne; l'argent s'en va sans qu'on sache
comment. Le mot d'ordre général est de ménager
les indigènes, d'éviter de froisser leurs usages et de
les enrichir pour les apprivoiser.

Tout cela serait bien sans la concurrence alle-
mande, qui finira tôt ou tard par achever de ruiner tous les comptoirs anglais, à moins que le
gouvernement ne prenne des mesures d'exclu-
sion, difficiles à maintenir au dix-neuvième
siècle.

En sortant de Moulmein, nous quittons définitivement le territoire birman, et la première station que
nous fîmes fut à Poulo-Pinang, île située dans le
détroit de Malacca, en pleine Malaisie.

C'est une des plus anciennes colonies anglaises,
très-importante avant la conquête de Singapour,

et aujourd'hui en décadence. C'est certainement le point le plus pittoresque de tous les détroits : la nature y est admirable, et la végétation y a une puissance qu'on ne retrouve dans aucun pays ; mais c'est une ville morte ; les hauts fonctionnaires l'ont abandonnée pour Singapour, et ont suivi le commerce dans cette émigration ; aussi rencontre-t-on plus de maisons vides que de maisons habitées. Aujourd'hui l'établissement le plus important est le séminaire catholique ; c'est un des centres de propagande de l'extrème Orient. Non-seulement on y forme un clergé indigène qui se répand dans toute la Malaisie, mais on s'y occupe également de sciences et surtout de philosophie. C'est là que s'impriment la plupart des ouvrages de sainteté aussi bien en chinois qu'en malais.

Nous avons visité cet établissement avec soin, et, comme partout, nous avons été émerveillés de la piété et de l'intelligence des missionnaires, que rien ne rebute, ni la dureté du climat, ni l'indifférence des habitants. En fait de produits spéciaux, l'île de Poulo-Pinang n'offre rien de très-remarquable, sauf peut-être les fruits tropicaux qui sont meilleurs là qu'ailleurs.

Quelques heures plus tard nous nous arrêtâmes à Malacca, petit port situé dans la presqu'île même de Malaisie. C'était autrefois une station portugaise, et il est resté de cette époque une sorte de château fort, qui forme le contraste le plus singulier avec les constructions du pays. Tout à côté et dans l'enceinte même des fortifications, se trouve une chapelle en ruine, contenant un cimetière dont les tombes portent des inscriptions où sont relatés les plus grands noms de Portugal. Les Anglais ont respecté ces ruines et les ont entourées d'une sorte de parc qui sert de promenoir à toute la colonie. C'est à Malacca qu'on trouve les plus beaux joncs connus, et aussi des boîtes remplies d'oiseaux empaillés dont le plumage ressemble à des pierres précieuses. C'est le pays des oiseaux de paradis.

De Malacca à Singapour la traversée n'est que de quelques heures; mais le bateau qui nous amenait de Rangoon arriva juste après le départ de la malle de Chine; il fallut donc rester quinze jours à Singapour et employer le mieux possible ce temps. Nous demandâmes ce qu'il y avait à voir dans les environs, et on nous parla de deux excursions que nous fîmes toutes deux.

Le maharajah de Jehore, ancien souverain de l'île, aujourd'hui colonie anglaise, est resté en excellents termes avec l'Angleterre, qui lui fait une pension considérable. Ce prince malais a transporté sa principale habitation sur le continent, où il a conservé d'importantes possessions, et n'a plus à Singapour qu'une villa, où il vient de temps à autre. Ce prince nous ayant invités à aller le voir à Jehore, nous acceptons son invitation, et nous voilà partis. Nous traversons toute l'île en voiture découverte ; c'est une délicieuse promenade au milieu d'un parc tropical ; la végétation est admirable, et de temps à autre nous avons des échappées de vue sur les montagnes du continent de l'effet le plus pittoresque ; malheureusement le sable rouge qui couvre la route fatigue extraordinairement les yeux et cause à l'un de mes compagnons une douloureuse ophthalmie, qui l'empêche de jouir de notre excursion.

Notre *party,* comme disent les Anglais, se composait de quatre maîtres : notre consul et MM. d'Imécourt et de Moustier, attachés à la mission que je conduisais. En arrivant au bout de l'île, nous nous trouvons en face du détroit qui nous sépare de la presqu'île malaise. Cette mer est tellement à l'abri qu'elle ressemble à une pièce d'eau, tant elle est bleue et calme. Un canot à vapeur nous attend, et une heure après nous débarquons au pied d'un cottage comme on en voit dans le Yorkshire : une maison à deux étages avec des volets verts, des vérandas à demi cachées par des plantes grimpantes, et une toiture en tuiles rouges bien brillantes. Un peu plus loin, un autre bâtiment semblable sert de demeure privée au prince ; car il ne faut pas oublier qu'il est musulman, et que par conséquent il a un harem. Après un échange de compliments et des

libations de limonade glacée, que la chaleur et
poussière de la route avaient rendues indispens
bles, on nous conduit dans nos chambres pour
faire une petite sieste. Là encore nous trouvo
ce luxe de cuvettes, de bains, de serviet
d'étoffes différentes qui nous rappellent pl
l'Angleterre que l'Asie. Cependant, après qu
ques instants un domestique indigène nous appor
des langoutis en soie tissés par les princesses.
chaleur des nuits est telle dans ces contrées qu'
dort les fenêtres ouvertes et sans aucune couvertur
de telle sorte qu'un vêtement de nuit est indispe
sable, et rien n'est plus commode dans ces circo
stances que le langouti, qui suffit à la décence, sa
cependant être gênant. Le soir, nous nous rasse
blons autour d'une table servie à l'européenne, et
soirée se termine par une partie de billard ; rien
tout cela ne nous rappelle l'Asie, si ce n'est le la
gouti que nos hôtes persistent à conserver et qu'
mettent bravement par-dessus un pantalon noir. I
prince parle anglais comme un habitant de Londre
et a pour secrétaire général un Anglais. Parmi s
hôtes se trouvait un envoyé du Atchin qui ét
venu réclamer les bons offices du gouverneur
Singapour ; en apprenant nos qualités, il chercha
faire notre connaissance, et je fus agréablement su
pris de pouvoir parler avec lui le persan, qui au fo
est la langue la plus répandue en Asie. Cet *Atch*

nese avait réellement une tête remarquable : petit, maigre, avec le teint basané et la barbe noire en pointe, il représentait parfaitement le type reproduit dans les miniatures indiennes, moins le côté efféminé ; il semblait tout étonné de voir que la sympathie des Européens était toute pour les Hollandais. Il ne comprenait pas pourquoi il en était ainsi.

Habitué à vivre au milieu des Malais, c'est-à-dire de la race la plus fausse qui soit au monde, il trouvait surprenant que les Anglais ne profitassent pas de cette occasion pour jeter le trouble dans le commerce de leurs voisins. Son intelligence politique n'allait pas jusqu'à saisir le motif de cette réserve. Singapour vit en grande partie du commerce avec les Indes néerlandaises, et l'Angleterre n'avait nulle envie de tuer cette poule aux œufs d'or.

Ce qu'il y a de plus intéressant à Jehore, c'est la colonie chinoise. Le maharajah a fondé une grande usine pour l'exploitation de ses forêts, et a fait venir quelques milliers de Chinois pour y travailler ; on nous a fait visiter l'établissement dans tous ses détails, et il est impossible de rien voir de plus régulier et de mieux organisé. L'ingénieur qui nous promenait nous a exposé des théories bien effrayantes si elles se réalisent ; il a cherché à nous démontrer que l'industrie européenne serait forcément condamnée le jour où les Chinois seraient plus connus, non que leurs facultés in-

tellectuelles, ou mieux, leur entente commerciale
soit égale à la nôtre; mais le Chinois a ce privilége
spécial d'être à la fois sobre et travailleur. La sobriété est la même chez tous les Orientaux; mais
rien n'égale leur paresse, et, n'ayant pas de besoins,
rien n'excite leur goût à la production. L'Européen est actif, ingénieux, nerveux; il hait l'oisiveté, et la fortune n'est nullement pour lui synonyme de repos. Mais il a de grands besoins; la vie
qu'il aime est chère, et l'ouvrier a beau être labo-
rieux, il dépense à peu près ce qu'il gagne; de telle
sorte qu'il peut difficilement changer les conditions
de l'industrie.

Le Chinois a l'activité de l'Européen, jointe à la
sobriété de l'Indien; il a en outre une grande habileté de main, de telle sorte qu'il est apte à tous les
travaux manuels. Le jour où il saura qu'il peut gagner hors de la Chine un salaire deux ou trois fois
plus élevé que dans son pays, il y courra avec l'ar-
rière-pensée de se faire un pécule et de revenir chez
lui jouir d'une certaine aisance. Ce jour-là, l'Europe
éprouvera une crise terrible, dont, au demeurant, on
peut se faire une idée en étudiant ce qui se passe en
Californie. En moins de dix ans, l'émigration chinoise a pris de telles proportions que toute cette
province des États-Unis est pour ainsi dire tombée
entre les mains des *Johnée*, comme on appelle à
San-Francisco les fils du Céleste Empire.

Le Chinois est incapable d'une conception psycho-
logique quelconque; il ne saura jamais tirer parti
des inventions qu'il doit au hasard; mais, comme
ouvrier, il n'a pas son égal au monde. Faites-en un
agriculteur, il travaillera aux champs du lever au
coucher du soleil; ni la chaleur, ni le froid ne l'in-
commodent; il desséchera des marais pestilentiels
sans attraper la fièvre, et c'est grâce aux Chinois que
les Américains ont pu construire le chemin de fer du
Pacifique. Faites-en un ouvrier de fabrique, il aura
les mêmes qualités de résistance que dans l'agriculture, et cette habileté de main dont nous parlions le
placera au-dessus de tous ses camarades. Faites-en
un petit marchand, il trouvera à gagner sa vie et
même à jeter les bases d'une petite fortune là
où un Européen mourrait de faim. Faites-en un
domestique, nulle part vous ne trouverez un meilleur serviteur : patient, soigneux et relativement
intègre, si la place qu'il a lui paraît désirable à
conserver.

L'émigration chinoise s'est répandue de deux
côtés; en Amérique, elle a envahi la Californie; à
l'occident, la presqu'île malaise; Batavia et les
ports du golfe de Bengale sont entre ses mains,
et l'ingénieur du maharajah de Jehore prétend
qu'avant cinquante ans, cette émigration aura
envahi toute l'Europe. Le fait est que Singapour est
une ville absolument chinoise, et pendant le dernier

séjour que j'y ai fait, j'ai assisté à un événement réellement bien étrange.

Les Chinois qui habitent cette ville se divisent en deux clans : les Fokinois ou habitants de la province du Fokien venant d'Amoy, et les Cantonais, originaires de Canton. Ils sont appelés à Singapour par des amis qui leur servent de répondants vis-à-vis de l'autorité anglaise, qui, sans ce système de responsabilité, système d'ailleurs en vigueur en Chine, se trouverait débordée. En échange de la responsabilité qu'ils acceptent, ces Chinois reçoivent de l'autorité anglaise certains priviléges administratifs sur leurs nationaux; c'est en quelque sorte une colonie dans la colonie. Il arrive parfois que des rivalités se produisent entre ces deux clans, et justement, lors de notre passage, les choses en étaient à ce point, que l'on se battait dans les rues. Au premier abord c'était très-effrayant; si le désordre gagnait, n'y avait-il pas à craindre que les Européens ne finissent par en être victimes? L'autorité anglaise était assez préoccupée. Les chefs chinois interrogés répondirent : « N'ayez pas peur, cela ne vous regarde pas, et pourvu que vous ne preniez parti pour personne, la querelle se videra entre nous sans que vous ayez à en souffrir. » En effet, des centaines de Chinois périrent dans cette mêlée, et non-seulement aucun Européen ne fut atteint, mais même le combat s'arrêtait pour laisser

passer les voitures qui les portaient, et quand tout
fut calmé, les répondants payèrent les dégâts matériels, et tout fut dit.

Quand on voit des travailleurs organisés d'une
façon aussi puissante, on ne peut s'empêcher de
trembler à l'idée de les voir entrer en concurrence
avec nos ouvriers occidentaux. Notre ingénieur
prétendait que là était la solution du problème social qui nous préoccupe tant en Europe, et que
la force des choses amènerait les blancs à organiser le travail dans le monde entier et les Chinois
à l'accaparer. Pour défendre cette proposition, il
fondait tout un échafaudage de raisonnements sur
l'inégalité des races ; il disait que le système féo-
dal du moyen âge, appliqué à quelques tribus pri-
vilégiées, était destiné à revivre sur une échelle
générale ; que la facilité des communications amènerait la confusion des nationalités, et que l'on verrait
dans l'univers la race blanche diriger partout la
race jaune et en quelque sorte l'exploiter. Je ne
crois pas à la vérité absolue de cette combinaison ;
mais il est impossible de nier qu'elle ne soit à la fois
ingénieuse et vraie par certains côtés. Il est positif
que quand l'idée d'aller chercher fortune au loin
aura pénétré davantage dans nos masses, on verra
moins de déclassés, d'incompris et, tranchons le
mot, d'individus intéressés à renverser le gouvernement établi, pour pêcher en eau trouble.

Dans ma longue vie à l'étranger, j'ai rencontré des Français de toutes sortes, et j'en ai peu vu qui, après trois ou quatre années d'absence, aient continué à s'intéresser à la politique de partis. La plupart du temps ils arrivent avec les idées les plus subversives ; peu à peu ils gagnent de l'argent ; leurs affaires les intéressent chaque jour davantage, et ils finissent tous par renoncer aux discussions politiques et par rester Français sans distinction d'opinions.

Il est incontestable qu'un Européen jeune, suffisamment instruit et ayant de l'esprit de conduite, est à peu près sûr de réussir dans ce qu'il entreprendra dans ces pays lointains, pourvu qu'à ces qualités il joigne un peu de patience et qu'il ne veuille pas faire fortune en quinze jours. Toute l'industrie est à créer dans ces contrées, et les indigènes appartiennent, pour me servir de la belle expression de M. Renan, à une humanité inférieure ; notre rôle consiste donc à créer ce qui est au-dessus de leur intelligence et à les employer aux travaux auxquels ils sont propres.

Pour occuper quelques-unes des journées que nous avions à passer à Singapour, et ne pas nous enterrer dans notre chambre d'hôtel, nous acceptâmes la proposition que nous fit l'un des commandants des bâtiments de guerre anglais en station, d'aller visiter la première île des possessions hollandaises, distante d'une dizaine d'heures de la colonie anglaise. La mer, autour de Singapour, est semée d'îles désertes, et c'est une véritable promenade sur un lac que nous avions à faire pour aller à Rhiau.

Les colonies hollandaises ne ressemblent en rien aux colonies anglaises; il suffit de mettre le pied sur l'une d'elles pour sentir immédiatement la différence. Le Hollandais est aussi bonhomme que son voisin est guindé; tout Anglais dans les colonies, qu'il appartienne au gouvernement, à l'armée, au clergé, ou simplement au commerce, croit plus ou moins avoir la mission de représenter son pays; il est hospitalier toujours, comme il faut le plus souvent, poli quand il y pense, mais il n'a jamais d'abandon. Le Hollandais, au contraire, depuis le fonctionnaire jusqu'au dernier marchand, met une expansion extraordinaire dans sa réception; il veut que tout le monde dans sa maison jouisse de l'étranger, et il ne lui fait grâce d'aucune présentation; il faut qu'il voie tous les enfants, qu'il admire toutes les beautés de la maison et qu'il mange jusqu'à se donner une indigestion.

A notre arrivée, nous fûmes reçus par la plupart des fonctionnaires hollandais venus à notre rencontre, et notre cortége, musique en tête, se dirigea vers la demeure du gouverneur. Malgré l'effroyable chaleur de ce climat, et quoiqu'il fût à peine midi, les militaires étaient en grande tenue et les civils en habit noir, à notre grande confusion ; car, n'ayant pas été prévenus de cet usage, nous étions tout simplement en veste blanche. Heureusement que nous retrouvâmes au fond d'un nécessaire de voyage quelques décorations qui sauvèrent la situation.

La ville de Rhiau se compose, outre les indigènes et l'administration hollandaise, d'une colonie chinoise assez importante. Comme partout dans ces parages, les enfants du Céleste Empire se sont emparés de tout le petit commerce, et même les fournisseurs du gouvernement sont tous Chinois dans les Indes néerlandaises.

Voici comment ce peuple s'y est pris pour arriver à ce résultat. Lorsqu'un Chinois débarque dans un des ports, il se trouve dans une de ces deux conditions : ou il a été engagé par un de ses compatriotes qui s'est fait l'entrepreneur de son travail, et alors il est obligé de travailler pendant un certain nombre d'années, généralement cinq, pour un salaire fixede six à sept dollars par mois, nourriture et logement non compris ; ou il est venu de lui-même, et, ayant dépensé ses petites ressources en frais de passage, il se trouve obligé d'accepter les mêmes conditions de travail que nous venons d'énoncer plus haut, avec cette différence, toutefois, qu'il peut choisir son maître et éviter de tomber dans des mains trop rudes.

Pendant cette première période, le Chinois se soumet à toutes les privations possibles afin d'augmenter son capital, et le contrat qui le liait pendant cinq années terminé, il ouvre, avec ses petites économies, une boutique et commence seulement à s'occuper de sa fortune. Généralement, grâce à son économie et à la simplicité de ses goûts, il arrive rapidement à l'aisance; mais c'est le moment critique pour lui : tout Chinois est joueur et naît avec le goût des spéculations. Dès qu'il a quelques centaines de dollars, il se livre à son instinct naturel et entreprend des opérations au-dessus de ses moyens et surtout disproportionnées avec son instruction et son éducation.

Le plus souvent il perd en quelques semaines le fruit du travail de plusieurs années, et après avoir joui pendant quelque temps de la situation de marchand, il retombe à celle d'artisan et cherche à se reconstituer un petit capital, qu'il reperd de nouveau dès qu'il se l'est procuré, et sa vie se passe à rouler ce rocher de Sisyphe sans jamais pouvoir se maintenir dans une situation aisée.

La patience du Chinois est vraiment admirable, et l'on ne saurait trouver un terme de comparaison plus juste que d'assimiler son travail à celui de la fourmi. Qui de nous n'a vu un brin de paille, péniblement traîné par un troupeau de fourmis, échapper à leurs efforts et retomber au bas de la pente qu'elles s'efforcent de lui faire gravir, et celles-ci recommencer ce travail jusqu'à ce qu'il ait réussi?

De même le Chinois récolte, au prix d'un labeur incessant et de privations héroïques, une cinquantaine de dollars avec lesquels il achète, soit un lot de poisson, qu'un orage vient gâter, soit quelques sacs de riz, dont le prix baisse soudainement. Sans se plaindre, il constate sa ruine et recommence jusqu'à ce qu'il meure ou qu'il lasse la mauvaise fortune.

Les Hollandais ont un système colonial tout particulier; il ne brille ni par la générosité ni par la justice, mais il enrichit d'une manière certaine la métropole et a fait de ce petit pays l'un des plus riches du monde.

Le gouvernement a le monopole de tous les produits du sol; au moment des récoltes, il fixe le prix du café, du riz, du sucre, des épices, en un mot, de toute la production, prix auquel tous les cultivateurs sont forcés de livrer leurs denrées. De cette façon, le travail de la colonie profite au gouvernement qui encaisse la différence entre le prix qu'il a formulé et la valeur réelle des choses. C'est un système en tout contraire à celui des Anglais, qui laissent leurs colons complétement libres de leurs produits et qui cherchent seulement un débouché pour les fabriques de Manchester et de Liverpool.

Il serait difficile de dire lequel des deux systèmes est le plus profitable; il suffit de constater que ces deux peuples, considérés à juste titre comme les meilleurs colonisateurs, procèdent par des méthodes différentes; qu'ainsi, pour la colonisation comme pour tant d'autres choses, il n'y a pas de règles immuables, et que le succès dépend, non d'une formule, mais de l'esprit de conduite que l'on met à la faire réussir.

Après avoir visité le quartier chinois et les différentes curiosités de la ville, nous rentrâmes chez le gouverneur, où un splendide repas nous attendait. Il est impossible d'être plus affable, plus courtois, plus rond que ne l'étaient nos hôtes, qui cherchaient par tous les moyens possibles à nous montrer combien ils étaient heureux de nous voir.

Ensuite, on nous proposa de terminer la soirée au club, et c'est là vraiment que nous pûmes nous convaincre de l'extrême bonhomie de ces braves gens. Qui dit club dit en général un lieu exclusivement réservé aux hommes, où l'on boit, où l'on fume et où l'on joue. Le club de Rhiau est tout différent; c'est un endroit où l'on vient en famille passer la soirée; c'est plutôt un casino. La bière joue un rôle considérable dans ces réunions, car c'est la boisson favorite de ce peuple. On la consomme en famille; on joue aux petits jeux, on danse, on fait de la musique; en un mot, on croirait se trouver dans une de ces brasseries de l'Allemagne du Nord; là toutes les distinctions de rang cessent, et le gouverneur s'asseoit à la table de ses administrés. Cette réunion se prolongea fort avant dans la nuit; on ne voulait pas nous laisser partir, et il fallut insister sérieusement pour qu'à la fin on nous permît de regagner le bateau qui devait nous ramener à Singapour.

Ce fut certainement un des moments les plus agréables de tout notre voyage, et Rhiau est une des villes dont nous avons gardé le meilleur souvenir.

CHAPITRE V

LE JAPON

Il est assez difficile de dire encore quelque chose d'intéressant sur le Japon ; car, s'il n'y a pas plus de quinze ans que ce pays a été ouvert aux Européens, il a tout de suite excité à un si haut point la curiosité, il est devenu si vite à la mode, que non-seulement nous connaissons aujourd'hui l'histoire de cette nation d'une façon aussi complète que celle du reste de l'humanité, mais que dix, vingt, trente relations de cette délicieuse contrée nous ont été données dans des langues différentes.

Il est donc difficile, je le répète, de dire quelque chose de nouveau sur ce pays, surtout quand, comme nous, on y a passé seulement quelques jours ; pourtant il nous a paru utile de constater que les voyageurs qui nous ont précédés ont peut-être regardé les hommes et les choses du Japon avec trop d'indulgence, et que leur enthousiasme est parfois exagéré.

Il y a plusieurs manières de voyager, et pour bien

voir il faut changer de méthode suivant les pays que l'on parcourt, s'intéresser dans certains endroits à la nature et aux monuments, et dans d'autres aux hommes et aux mœurs; en somme, un récit de voyage n'est intéressant qu'autant qu'il a été *vécu*.

En Égypte, c'est le passé surtout qui nous a attirés, et, sans cependant nous livrer exclusivement à l'archéologie, la plus grande partie de notre temps a été donnée aux ruines égyptiennes et musulmanes qui couvrent le pays.

En Chine, où nous avons habité de longues années, nous avons pu étudier d'une manière plus approfondie les différents rouages de cette société innombrable, tandis qu'en Birmanie le côté pittoresque nous a absorbés complétement; et en face de ces splendeurs de la nature et de cette végétation sans égale, nous n'avons, pour ainsi dire, vu que des arbres et des paysages.

Au Japon, c'est encore autre chose; nous nous trouvons au milieu d'un peuple en pleine révolution sociale; ce qu'il y avait donc de curieux pour nous, ce n'étaient ni les paysages ravissants de cette Suisse de l'Asie, ni même les scènes amusantes que nous voyions dans les rues; tout cela est connu et a été décrit beaucoup mieux que nous ne pourrions le faire; mais bien les différentes phases de la transformation que ce pays subit depuis une quinzaine d'années. Nous avons donc, pour cette partie de notre voyage, un peu changé notre manière de faire, et notre cahier de notes est plus rempli de considérations philosophiques et historiques que d'anecdotes ou de traits de mœurs. La bienveillance que le public a bien voulu accorder jusqu'à présent à nos récits de voyage tient sans doute à ce fait, que nous présentons nos impressions au jour le jour, telles qu'elles se sont produites et qu'elles sont consignées dans notre journal, sans chercher à être gais les jours où nous étions tristes.

Après avoir traversé toute l'Asie et avoir visité des populations sales et logées dans des taudis, le voyageur est agréablement surpris, en mettant le pied à Nangasaki, de trouver ces petites boîtes à coulisses qui servent d'habitations aux Japonais ; elles sont si propres, si coquettes et si originales, qu'il est vraiment difficile de ne pas se laisser séduire par elles.

La propreté est le caractère distinctif du peuple japonais, qualité à laquelle il doit surtout, j'en suis convaincu, la sympathie dont il est l'objet.

Le pays est tout ce qu'il y a au monde de plus joli ; c'est une série de petites îles légèrement accidentées, et vertes de la base au sommet ; de beaux arbres, des eaux vives superbes, des villages nombreux et d'une propreté qui les rend gais : tel est l'aspect général.

Lorsqu'on y regarde d'un peu plus près, on s'aperçoit que le paysage est un peu trop maniéré, que les arbres contournés y sont plus nombreux que ne le comporte la nature, et que ce résultat a dû être obtenu par des moyens factices : on reconnaît malgré soi que les Japonais aiment le grotesque et la caricature, et qu'ils exagèrent à dessein les difficultés naturelles de leur sol. Les sentiers tortueux qui servent de routes au Japon auraient pu être tracés différemment, et il aurait fallu éviter la plupart des escaliers qui leur donnent un aspect abrupt. Les villages auraient dû être placés dans des situations moins pittoresques peut-être, mais plus commodes pour l'exploitation des champs, et les maisons, sans cesser d'être propres, auraient pu être bâties sur un modèle moins excentrique.

On dirait que le Japonais a l'horreur de la ligne. Du reste, j'ai déjà été plusieurs fois à même de remarquer que les habitants d'un pays se laissent impressionner par sa conformation, à ce point de transporter à l'architecture le caractère du paysage.

Nous avons vu en Égypte les constructions massives, les longues lignes droites et le peu d'élévation répondant à un paysage de plaines et à une végétation de palmiers dans laquelle tous les arbres atteignent à peu près la même dimension. Aux Indes, nous avons rencontré des huttes à peine visibles au milieu des lianes et des broussailles, qui

Barque japonaise en usage dans l'intérieur.

sont le caractère dominant de la nature de ce pays. En Chine, les maisons sont grises et toutes identiques, ce qui va avec l'atmosphère brumeuse qui lui est propre. Quant au Japon, il est composé d'une myriade de petites îles qui, comme toutes leurs semblables, sont d'origine volcanique, et par conséquent renferment des rochers aux formes bizarres et inattendues. Aussi les maisons sont-elles, comme ces rochers, un enchevêtrement de petits pavillons de formes et de grandeurs différentes.

Quand on arrive au Japon par l'entrée méridionale de la mer intérieure, le premier point où l'on touche est Nangasaki : c'est presque un pays chaud ; les orangers y vivent en pleine terre ainsi que les camellias, et même une espèce de palmier propre à ces îles. La ville est construite en amphithéâtre et a une assez grande étendue, car la plupart des maisons situées sur la colline sont séparées les unes des autres par de grands jardins. Il n'y a pas à le nier, l'aspect de ce port est charmant.

Nangasaki est un des points le plus anciennement connus des Européens. C'est là que les Hollandais avaient leurs comptoirs, comptoirs qui devaient rapporter des bénéfices immenses, car un gain exceptionnel peut seul expliquer la dureté des conditions auxquelles ils se soumettaient.

Une des opérations de ces négociants consistait à

échanger à prix égal de l'or contre de l'argent. Mais ils avaient pris l'engagement de ne jamais sortir d'un petit îlot appelé Décima, excepté dans de rares occasions consignées dans un traité. Sur le pont qui relie cet îlot à la ville, le pavé figurait une croix sur laquelle les Hollandais devaient marcher pour entrer ou sortir de chez eux. C'est une triste histoire que celle-là, et, pour la gloire des nations occidentales, il vaut mieux la laisser dans l'oubli.

Nangasaki n'a pas de monuments, à proprement parler; toute sa beauté réside dans le paysage et dans le mouvement commercial de ses rues.

Quoique la plus anciennement en rapport avec les Européens, la population de cette ville n'a pas accepté avec la même rapidité les réformes qui ont transformé en quelques années le reste du Japon et en ont fait une sorte de faubourg de l'Europe.

Le bateau qui nous portait appartient à une compagnie japonaise appelée Mit-zu-bi-shu ; le commandant et quelques-uns des officiers étaient Américains, car jusqu'à présent les compagnies maritimes refusent d'assurer les bâtiments qui ne sont pas commandés par des Occidentaux; mais l'administration était entre les mains japonaises et entièrement calquée sur les usages américains ; quant aux domestiques, la plupart étaient Chinois; du reste, il en est de même sur tous les bâtiments qui naviguent sur ces mers, quel que soit leur pavillon.

La langue parlée par tous ces individus était l'anglais, non celui de Macaulay ou de Gibbon, mais cet anglais bâtard que l'on parle dans tous ces parages et qu'on appele le *pigin-english*. C'est une langue bizarre se composant d'anglais, de portugais et de quelques mots chinois, le tout construit suivant les règles de la syntaxe de ce dernier pays.

On n'était pas très-bien sur ce bateau, et la nourriture laissait beaucoup à désirer; mais il naviguait d'une façon assez sûre, ce qui n'est pas à dédaigner dans une mer semée d'écueils. Nous nous arrêtions dans tous les ports pour prendre ou laisser des passagers; mais comme ces arrêts duraient à peine quelques minutes, nous ne pouvions descendre.

Cependant, à Kobé, le navire relâchait quarante-huit heures. Kobé est le port de l'ancienne capitale du Japon, Yogo; c'est une ville tout européenne comme Shang-haï ou Hong-kong, avec cette différence qu'elle est presque déserte. Les espérances qui avaient amené les négociants européens à s'établir ne se sont pas réalisées, et, comme les transactions restaient insignifiantes, il a fallu abandonner la partie, et aujourd'hui Kobé n'est plus habité que pendant une partie de l'année, comme station balnéaire.

Il n'y a rien à voir à Kobé, et comme le chemin de fer ne va que jusqu'à Osaka, nous n'avions pas le temps de visiter Yogo, qu'on dit très-intéressant.

Mais comme, après une navigation un peu longue, on éprouve le besoin impérieux d'être à terre et de marcher, nous passâmes tout le temps de notre escale à nous promener, soit dans les concessions européennes, soit dans la ville japonaise.

Quand on a peu de temps à donner à un pays, j'ai toujours remarqué que le mieux était de consacrer tout celui dont on pouvait disposer à un seul endroit ; c'est l'unique manière de bien voir quelque chose et de se procurer des informations à peu près exactes sur un pays. C'est ce motif qui nous fit décliner la proposition que nous firent les autorités japonaises d'aller par terre de Kobé à Yokohana.

Yokohama est une grande ville dans laquelle les habitations européennes dominent et qui possède, chose rare en Orient, d'excellents hôtels. C'est véritablement le centre du Japon, aussi bien au point de vue commercial qu'au point de vue politique, puisqu'un chemin de fer relie cette ville à Yeddo et qu'il suffit de trois quarts d'heure pour faire ce trajet : c'est donc là où l'on voit le mieux le pays.

Yokohama se compose de deux villes, la plaine et la montagne. La première est bâtie comme toutes les villes, c'est-à-dire avec des maisons à plusieurs étages, à côté les unes des autres. La seconde est une série de villas s'élevant au milieu de jardins à la façon anglaise.

Aussi, malgré l'ennui de monter et de descendre chaque jour dans le quartier des affaires, ennui d'autant plus vif que les côtes sont assez rapides pour rendre l'usage des voitures incommode, tous les Anglais, fonctionnaires ou négociants, habitent cette colline et regardent avec pitié les pauvres habitants de la plaine.

On visite une fois ce quartier aristocratique, mais on n'y remet plus les pieds à moins d'y être forcé, tant on s'y ennuie; on s'y promène des heures entières sans rencontrer personne.

Il n'en est pas de même de la ville basse, où se concentrent toutes les affaires : c'est un va-et-vient perpétuel de Japonais de toutes les classes et d'Européens se rendant d'un comptoir à un autre.

A Yokohama, les habitants d'un rang relativement élevé sont tous habillés à l'européenne, les cheveux ras, les pieds emprisonnés dans des bottines et le corps enveloppé de vêtements confectionnés à la *Belle Jardinière*. Mais en revanche les artisans et les gens du peuple ont presque tous gardé le costume national, qui se compose d'un pantalon-culotte extrêmement collant et d'une sorte de robe de chambre à grands ramages ; autrefois ils portaient tous, quelle que fût leur situation sociale, les cheveux longs et relevés sur le sommet de la tête à l'aide d'un peigne. Aujourd'hui ils trouvent généralement plus commode de les porter courts et taillés en brosse. Quant aux femmes, celles que l'on rencontre dans les rues sont vêtues à la japonaise, et elles ont raison, car c'est un des costumes les plus seyants que l'on puisse inventer.

Une couturière seule en pourrait décrire tous les détails; mais ce serait inutile; car, grâce aux grands magasins de nouveautés, le costume japonais n'est plus un secret pour personne, et l'on vend au *Bon Marché* et au *Louvre* des accoutrements qui viennent en ligne directe des bonnes faiseuses du Japon.

Mais ce qu'il faut voir, c'est la grâce charmante avec laquelle les Japonaises portent ce costume qui a été inventé pour elles, et qui leur va si bien.

Quelques femmes dans les hautes classes ont cru bien faire, pour affirmer les opinions libérales de leurs maris, d'inaugurer les toilettes parisiennes.

Elles ont eu tort; car autant elles étaient charmantes dans leurs robes de chambre de crêpe, avec leurs larges ceintures en soie noire attachées derrière par un énorme nœud, leurs coiffures retenues par un filet rose et de grosses épingles en écaille, autant elles sont ridicules avec des robes à queue, des chignons et des chapeaux européens. Leur figure ronde et leur teint orange s'accommodent mal de ces oripeaux, et je me rappellerai toujours le fou rire impertinent dont je fus saisi lorsqu'on me présenta à une princesse japonaise en robe de gaze rose décolletée avec une couronne d'églantines dans les cheveux.

Il paraît que la civilisation exige le sacrifice du goût, car ce spectacle étrange se voit aussi bien à Constantinople qu'à Yokohama, et au Caire qu'aux Indes.

Un vieux sage a dit : « L'habit ne fait pas le moine »; il a eu tort, l'habit fait le moine, et la preuve, c'est que dès qu'un peuple exotique est atteint du goût de la civilisation européenne, son premier soin est de troquer son costume contre le nôtre. Un homme cesse d'être un sauvage dès qu'il porte un chapeau noir et que sa femme se fait habiller chez madame *Laferrière;* c'est ridicule, mais c'est comme cela.

Il y a quinze ans, le Japon était encore l'expression la plus complète des mœurs et des coutumes féodales. Les grands seigneurs entretenaient des armées et passaient leur vie à combattre, les armes à la main, tout pouvoir supérieur au leur. Leur orgueil dépassait toute limite, et, quand le malheur voulait qu'on se trouvât sur leur chemin, il fallait ou se prosterner dans la poussière ou perdre la vie.

Le souverain était une sorte d'être abstrait qui ne sortait jamais et que personne ne voyait, sauf quelques familiers. Son existence était même si cachée que la plupart de ses sujets l'ignoraient. Aujourd'hui ce même souverain se promène en voiture découverte, donne à dîner au corps diplomatique et prononce des discours aux inaugurations de chemin de fer.

Les princes de la famille impériale, prenant exemple sur l'empereur, sont descendus du piédestal où les plaçait le respect des peuples, et vivent comme le commun des martyrs. Le vent qui souffle en Europe arrive jusqu'au Japon, et en moins de dix ans la nation la plus rétrograde et la plus conservatrice du monde est devenue aussi démocratique que les nations les plus industrielles de la vieille Europe.

Au Japon comme à Londres ou à Paris, chacun parle de ses droits et oublie ses devoirs; le souverain a abdiqué son pouvoir et a sacrifié tous ses priviléges au plaisir de vivre de la vie commune. Les grands, au lieu de consacrer comme par le passé leurs énormes revenus au maintien de leur influence, se ruinent en bijouterie, en carrosserie et en plaisirs de toutes sortes.

Ce n'est plus un danger de les rencontrer dans les rues, où leur plus ardent désir consiste à passer inaperçus.

C'est un spectacle bien étrange : les Japonais ont jeté bas non-seulement tout l'édifice social de leur pays, mais aussi toutes leurs croyances religieuses. Féodalité et bouddhisme se sont évanouis ensemble et n'ont été remplacés par rien. Le

christianisme a cessé d'être persécuté, mais n'en est
pas plus fort pour cela. Il est tombé dans l'indifférence. C'est une société lancée à toute vapeur sans
but ; où va-t-elle ? où s'arrêtera-t-elle ? Il est
impossible de le prévoir : ce qu'on peut seulement
constater aujourd'hui, c'est son désir d'aller de
l'avant. Aussi est-ce l'Amérique dont l'influence est
la plus écoutée.

Naguère le pays était couvert de temples boud-
dhiques, et les fidèles encombraient les marches des
autels de leurs sacrifices. Le clergé était nombreux,
puissant, respecté, et les daïmios obligés de compter
avec lui.

Aujourd'hui, tout s'est écroulé à la fois, les
temples sont vides, les bonzes en sont réduits, pour
vivre, à vendre les idoles les plus vénérées, et
M. Cernuschi a pu non-seulement acheter la
magnifique déesse qui fait l'honneur de sa collection,
mais même lui faire traverser les douanes japonaises sans aucune difficulté.

Les premiers Européens que les Japonais ont
connus étaient plus occupés du négoce que de
philosophie, et ils cherchaient non à convertir les
indigènes, mais simplement à gagner de l'argent, en
leur vendant tel ou tel produit. Ils laissèrent donc
de côté toute idée de propagande religieuse ou
sociale, comme étant de nature à leur créer des
difficultés ; nous avons même parlé plus haut, sans

nous y arrêter, de ce que les Hollandais avaient accepté pour être agréables aux autorités locales.

Aussi les semences jetées par saint François-Xavier furent-elles étouffées avant de porter leurs fruits; cependant quelques Japonais restèrent bien chrétiens, et l'on fut tout étonné, lorsque le pays fut ouvert aux étrangers, de retrouver çà et là un village dont les habitants avaient conservé les croyances chrétiennes presque intactes.

Mais les Japonais avant 1860 n'avaient aucune idée de nos mœurs et de notre civilisation, ni aucune envie de les connaître; ils opposèrent, au contraire, une résistance des plus vives à nos flottes et à nos armes. Et l'esprit d'hostilité contre les Européens dura si longtemps que, pendant bien des années, le séjour au Japon était loin d'être sans danger.

Le goût pour les innovations ne pénétra complétement au Japon qu'après la défaite du taïkoun; c'est à la suite de cet événement que s'accomplit la révolution qui changea le pays de fond en comble, et que surgit le Japon actuel.

Les Japonais se décidèrent à envoyer en Europe et en Amérique des jeunes gens pour y apprendre la civilisation, et, comme c'est un peuple actif, intelligent et remuant, le goût des voyages s'implanta si bien dans les mœurs, que chacun voulut visiter les pays d'Occident. De là ce nombre incommensurable de jeunes Japonais que l'on rencontre dans toutes les capitales.

Malheureusement ils n'avaient pas le temps de suivre la filière régulière des études, telle qu'on la pratique dans les bonnes institutions. Il leur fallait une éducation de serre chaude qui leur permît, en quelques mois, de baragouiner le français, l'anglais ou l'allemand, et de connaître les applications les plus indispensables des sciences modernes. Ils tombèrent donc dans les mains d'instituteurs plus préoccupés du soin de gagner de l'argent que de celui de propager la vraie civilisation.

Libres ou à peu près dans nos grandes cités, ils connurent bientôt tous les lieux de plaisir et se trouvèrent surtout mêlés au monde où l'on s'amuse; aussi furent-ils bien vite au fait de tous nos vices. Quant au monde sérieux, à la vie de famille, enfin à tout ce qui fait la force et la gloire des sociétés européennes, ils n'en soupçonnèrent même pas l'existence, et, lorsqu'ils revinrent chez eux, ils avaient perdu toute foi religieuse et se figuraient que la France, l'Angletere et l'Allemagne n'étaient qu'un vaste *Kulturkampt* où l'on n'était pas plus chrétien qu'on n'est bouddhiste au Japon.

Lorsque l'on cause avec eux, on est tout étonné de leur voir réciter toutes les billevesées répandues par la presse radicale et prendre au sérieux des hommes qui sont les premiers à se moquer d'eux-mêmes. Il est regrettable, lorsque ce goût des voyages s'est manifesté, que les missionnaires catholiques et protestants n'en aient pas pris la direction et n'aient pas fondé en Europe des établissements *ad hoc,* dans lesquels on eût donné à ces étrangers l'instruction sommaire dont ils avaient besoin, tout en leur montrant la vraie Europe et en écartant d'eux le spectacle de nos vices et de nos misères.

Tel qu'il existe aujourd'hui, le Japon offre aux faiseurs d'opérettes et de vaudevilles une mine inépuisable, et l'on rencontre à chaque instant les traits de bouffonnerie les plus drôles.

C'est ainsi que, le jour de notre arrivée à Yokohama, je rencontrai, à huit heures du matin, dans les escaliers de l'hôtel, un monsieur en habit noir, cravate blanche, ayant au chapeau un galon d'argent devant lequel tout le monde se rangeait. Je crus qu'il s'agissait d'un employé quelconque du fisc, et que ce galon indiquait son grade ; pas du tout ; c'était le premier prince du sang, l'héritier présomptif du trône, puisque le Mikado n'a pas d'enfants.

Du vieux Japon il reste peu de chose à Yokohama, et il faut même être piloté par un vieux résident pour pouvoir connaître ces vestiges qui tendent de jour en jour à disparaître. Cependant nous parvînmes à visiter un de ces bains publics où hommes et femmes viennent pêle-mêle faire leurs ablutions. On nous montra également quelques établissements de pompiers tels qu'ils étaient avant l'arrivée des Européens et l'introduction des engins à vapeur.

Pompe à incendie (Japon).

Quant aux maisons de *thé,* il y en a de deux sortes. Les unes, situées dans la banlieue, sont de simples auberges où, suivant l'ancienne phrase de convention, *on loge à pied.* Les autres forment un quartier à part dans la ville, et sont des lieux de prostitution. Ce qui les distingue de ceux des autres pays, c'est l'usage des Japonais d'y venir en famille s'y divertir publiquement. Le soir, ce quartier prend une animation extraordinaire; c'est le lieu de promenade de toute la population. Chacune de ces maisons est éclairée *à giorno;* le bruit des verres et le son des guitares prouvent que l'on n'y engendre pas la mélancolie. Le Japon est un des seuls endroits du monde où les femmes de mauvaise vie ne soient pas mises hors la loi. Elles vont passer quelques années dans ces lieux publics sans, pour cela, être désavouées par leurs familles, et le plus souvent elles finissent par trouver un mari. Autrefois, les Japonaises, en se mariant, mettaient sur leurs dents une couche de laque noir pour indiquer qu'elles renonçaient au désir de plaire ; aujourd'hui , cet usage tend à disparaître et n'est plus observé que par quelques vieilles femmes qui n'auraient cependant pas besoin de cette enseigne pour écarter les hommages.

. De tous temps, les Japonais ont été réputés pour leur gaieté et leur goût du plaisir, et, depuis qu'ils ont parcouru le monde, ils aiment à répéter qu'ils sont les Français de l'Asie. Je ne sais si la comparaison est juste, et je serais même assez tenté de croire qu'elle pèche sur plusieurs points ; ce n'est pas assez pour établir une similitude entre deux peuples de dire que tous deux aiment le plaisir, le bruit et les distractions faciles de la vie de cafés-concerts et de théâtres en plein vent.

La France aime cela, c'est vrai ; mais elle l'aime surtout depuis que les étrangers, partageant ce goût, se sont précipités sur Paris et, reconnaissant la supériorité de ses acteurs dans ce genre de grimaces, les couvrent d'or et leur font faire des fortunes aussi rapides qu'inattendues. On peut ajouter que les compositeurs les plus en vogue dans ce genre de musique ne sont pas Français, et que leurs interprètes ont dû à l'engouement des étrangers leur fortune et leur gloire. Il serait donc injuste de dire que Paris n'a de goût que pour ce genre de musique et de littérature, parce que c'est là qu'elles y sont le mieux représentées.

Si la France n'avait que cette supériorité, je consentirais sans peine à la voir comparer au Japon ; mais il n'en est rien, et, si le Parisien trouvant à gagner de l'argent en prêtant ses théâtres à tous les compositeurs et à tous les artistes qui savent faire rire, quelle que soit d'ailleurs leur nationalité, s'est laissé aller à abuser du burlesque, il n'en est pas moins vrai que Paris est resté l'un des centres les plus importants du monde, pour l'art sérieux et pour toutes les conceptions du génie humain.

C'est ce qui manque au Japon. Il n'a rien créé, et son effort s'est borné à calquer le plus exactement possible les administrations occidentales; mais quoique ces réformes soient encore à l'état rudimentaire, il serait cependant injuste de ne pas constater les grands résultats obtenus.

Maintenant, la sécurité est absolue dans l'intérieur du pays; autrefois, les daïmios entretenaient de véritables armées; leurs mercenaires connus sous le nom de samouraïs se livraient sur la population à toutes sortes de sévices. Ils se promenaient en bandes armées à travers les rues, et, dans ces derniers temps surtout, personne n'était à l'abri de leurs insultes et de leurs exactions. L'abolition des droits féodaux n'avait pas détruit l'existence de ces bandes et les rendait plus dangereuses, en ce sens qu'elles n'avaient plus de chefs responsables.

Tout récemment, le gouvernement, pour en débarrasser le pays, prit résolûment le parti d'ordonner un désarmement général, et d'interdire, sous les peines les plus sévères, le port de ces sabres dangereux dont les samouraïs faisaient un si déplorable usage. Presque partout ces édits ont pu être mis à exécution sans effusion de sang; mais, là où les samouraïs ont essayé de résister, le gouvernement n'a pas hésité à employer des moyens énergiques et à opérer de vive force ce désarmement.

On ne peut s'empêcher d'avoir une certaine sympathie pour ce peuple qui, dans l'espace de quinze ans, a su créer à peu près une administration des postes, une université, des écoles de droit et de médecine, des écoles militaires, une organisation financière, enfin tout ce qui constitue l'existence d'un État moderne.

Certainement, il y a encore bien des réformes incomplètes, et il ne faudrait pas prendre l'administration japonaise comme le type de la perfection; mais enfin ils ont abordé sans crainte les problèmes les plus ardus et ont tenté d'y apporter une solution. Aujourd'hui, le Japon dispose d'une petite armée parfaitement disciplinée qui suffit à maintenir l'ordre à l'intérieur et à inspirer le respect désirable à des voisins incommodes, tels que sont les Chinois et les Coréens.

La plupart des lettres arrivent, les impôts sont perçus à peu près régulièrement, les établissements universitaires pourvus de professeurs compétents, et les Japonais ont organisé un service de bateaux à vapeur qui fonctionne régulièrement, ainsi qu'un réseau télégraphique qui permet à l'Europe de communiquer avec toutes les principales villes du pays. Ce qu'on serait en droit de leur reprocher plutôt, c'est l'exagération de la vanité nationale qui les porte à vouloir tout faire par eux-mêmes et leur fait commettre des fautes grossières.

Ainsi, par exemple, le *desideratum* de tout homme d'État au Japon, c'est d'affranchir son pays du joug des capitulations qui dérobent les étrangers à la juridiction des tribunaux japonais et assurent en quelque sorte leur impunité.

Au lieu de s'efforcer d'arriver à cet affranchissement en démontrant à l'Europe l'impartialité et l'intégrité des juges japonais, le gouvernement du Mikado a préféré obtenir ce résultat par surprise, et s'est attaché à arracher des concessions insignifiantes en apparence, mais qui avaient pour but de détruire en fait les capitulations. Il était facile de découvrir l'intention et de ne pas s'y laisser prendre : aussi les Japonais, au lieu d'avancer l'époque de leur émancipation, l'ont-ils reculée.

Une de leurs prétentions était d'obliger les Européens à se munir d'un permis de chasse, oubliant que les tribunaux consulaires étaient seuls compétents pour réprimer les délits, et qu'il était interdit de préjuger la décision de ces tribunaux et de fixer par avance le chiffre de l'amende à laquelle s'exposaient ceux qui auraient négligé de se munir de ce permis.

Cet incident, futile en apparence, excitait au plus haut degré l'émotion des intéressés au moment de notre passage. Je ne sais quelle aura été la solution donnée à ce différend, mais j'ai lieu de croire qu'elle n'aura pas été favorable aux prétentions japonaises.

La question du droit de possession en dehors des concessions européennes soulève les mêmes difficultés ; non-seulement les Japonais s'opposent à l'extension de ce privilége, mais encore ils cherchent à en restreindre le plus possible la jouissance. Ils n'ont pas compris que c'était le contraire qu'ils devaient faire, et qu'en facilitant les rapports entre les autorités des différents pays avec lesquels ils sont en relation, ils auraient plus vite gagné la confiance, qui peut seule amener les réformes qu'ils désirent.

Il est un fait dont il faut que les Japonais soient bien convaincus : c'est qu'on leur a imposé les capitulations, non pour froisser leur amour-propre, mais parce que la législation de tous les pays non chrétiens n'offrait pas de garantie suffisante à la sécurité des étrangers. Lorsqu'au dix-septième siècle on imposa ces capitulations à la Turquie et, comme on disait alors, aux États barbaresques, on fut obligé de le faire parce que les prescriptions du Coran, qui servaient de lois à tous ces États, étaient en désaccord complet avec les idées chrétiennes.

Comment, par exemple, exiger de Français, d'Espagnols, même d'Anglais, de prêter un serment sur le Coran ? Comment forcer des chrétiens à reconnaître comme légitimes des institutions telles que la

polygamie ? C'était, d'une part, mettre les Occidentaux à la merci des Turcs et, de l'autre, assurer en
quelque sorte l'impunité de tous leurs méfaits.

On convint donc, dans l'intérêt des deux parties,
que chacun serait soumis aux lois de son pays, et
qu'en cas de différend, on serait jugé par ses juges
immédiats.

Plus tard, lorsque les rapports de l'Europe s'éten-
dirent jusqu'à l'extrême Orient, on trouva juste d'é-
tablir les mêmes règles. On ne connaissait ni les
lois chinoises ni les lois japonaises ; il parut donc
naturel de sauvegarder les intérêts sérieux des négociants étrangers, en se réservant de juger les con-
testations qui pouvaient surgir avec les négociants
indigènes.

Depuis que la Turquie, l'Égypte et les échelles
du Levant sont entrées, pour ainsi dire, dans le
concert européen, on a déjà modifié ces priviléges.

La même chose se produira dans l'extrême Orient,
et le jour est proche où, un même code de commerce étant adopté par le monde entier, on pourra
rendre aux tribunaux de chaque pays la connaissance
des procès, sans s'inquiéter de la nationalité des
plaideurs ni de celle des juges.

Mais, pour arriver à ce résultat, il faut que la
confiance s'établisse mutuellement, et cette entente
n'est pas encore complète.

C'est donc une question de patience et de bonne foi, et le Japon, au lieu de chercher à arriver par la ruse à ce que tout le monde comprend qu'il désire, ferait mieux d'y prétendre par des réformes qui lui assureraient la sympathie et la confiance de tous les gouvernements étrangers.

Le grand tort des Japonais, c'est de vouloir aller trop vite et de s'être lancés dans une voie de transformation sans avoir préalablement préparé le terrain.

En 1860, ils étaient en pleine féodalité, et aujourd'hui, c'est-à-dire dix-huit ans après, on les retrouve dans un état démocratique plus avancé même que celui des États-Unis. C'est trop, et la plupart des personnes qui connaissent le pays craignent plus qu'elles n'admirent cette précipitation. Le premier résultat de cette révolution a été de tarir les richesses du pays et de le ruiner pour de longues années.

Le Japon n'offre pas les mêmes ressources que la Chine; son territoire est petit, et le plus souvent insuffisant même à la subsistance de la population; les épargnes accumulées pendant des siècles ont été vite dissipées dans des essais mal dirigés, et seront longues à reconstituer.

Pour créer à la vapeur une flotte et une armée, transformer de vieux armements, changer les uniformes; en un mot, pour mettre d'emblée une nation asiatique sur le même pied militaire que les peuples d'Occident, il a fallu le faire à prix d'argent, et les ressources du Japon ne lui permettaient pas une telle dépense ; aussi le pays a-t-il été ruiné pour ainsi dire avant d'avoir commencé ses réformes. C'est là le côté le plus grave de la question et qui doit appeler toute l'attention des hommes d'État.

Du jour au lendemain, un capital immense a perdu toute sa valeur ; en effet, en abandonnant leurs coutumes nationales, les Japonais ont détruit toutes leurs richesses mobilières, et tel individu qui possédait pour des milliers de francs de robes de soie à vu ce capital entièrement détruit par l'adoption des habits noirs et des redingotes. Je ne cite ce détail que pour donner une idée de ce qu'une révolution de cette nature peut coûter. Se figure-t-on un changement complet dans nos modes , nos élégantes jetant aux chiffons toute leur garde-robe, et nos produits manufacturés perdant en peu de temps presque toute leur valeur ?

Entre Yokohama et Yeddo, il existe un petit chemin de fer qui permet d'aller de l'une à l'autre de ces villes en moins d'une heure, de telle sorte qu'on peut dire aujourd'hui que ces deux cités n'en font qu'une. Cependant la cour, les ministères et presque toutes les administrations résident à Yeddo : c'est une vraie ville japonaise dans laquelle les constructions européennes sont rares. A Yeddo comme à Pékin, les rues sont larges, de telle sorte qu'il a été

facile de les rendre carrossables. Les Japonais, dans
leur goût d'imitation, ont vite installé des omnibus
qui sillonnent aujourd'hui les rues comme à Paris
ou à Londres, et permettent à la population de
franchir sans fatigue les énormes distances de cette
ville immense.

Yeddo possède de magnifiques monuments, et l'un
des plus remarquables est le temple qui renferme
les tombeaux des taïkouns, dont les restes reposent
sous de gigantesques catafalques de laque. Au prix
où se vendent dans les boutiques de curiosités les
moindres objets de laque ancien, ces catafalques vau-
draient des millions rien qu'à retirer l'or qui entre
dans leur composition. Un petit cabinet de vingt-
cinq centimètres cubes vaut parfois cinq mille francs,
et ces tombeaux ont une superficie de sept à huit
mètres. On pourrait rester des journées entières à
étudier tous les détails de ces admirables cénotaphes
qui sont dans un état de conservation merveilleux :
je ne connais rien de plus beau ni de plus original ;
ce n'est plus de l'industrie, c'est de l'art véritable.
Les temples qui les renferment se rapprochent beaucoup des constructions chinoises ; ce sont les mêmes
toits recourbés, les mêmes colonnades en bois et la
même profusion de peintures et de dorures.

Le voyageur ne devra pas négliger de visiter les
parcs de Yeddo ; l'un d'entre eux peut être classé
parmi les plus beaux du monde ; il renferme une

grande quantité d'arbres splendides, spécialement
des conifères. Des allées parfaitement bien entretenues et tracées avec une grande habileté permettent de jouir d'une vue admirable. Yokohama et
Yeddo remplissent tout le fond d'un golfe et sont
bâties en amphithéâtre ; on se figure donc facilement la beauté du panorama qui se déroule sous
les yeux, lorsqu'on est bien placé pour le voir. Ce
paysage est surtout remarquable à l'endroit où le
chemin de fer, abandonnant la terre ferme, traverse
un petit bras de mer sur pilotis ; à la marée
basse, on voit parfaitement le marais ; mais lorsque
la mer est pleine, le chemin de fer semble littéralement circuler au milieu d'un lac.

Les Japonais aiment beaucoup la vie en plein
air ; des baraques de polichinelles, des acrobates
sont installés dans ce parc et attirent un public nombreux. Aussi l'étranger, en s'arrêtant dans une de
ces petites maisons de thé qui les environnent,
assiste-t-il à un spectacle des plus attrayants, celui
de voir les Japonais s'amuser, et en apprend plus
des mœurs et des coutumes de ce peuple étrange
en une journée, qu'en lisant toutes les relations
possibles des voyageurs.

Il y a quelques années, ce parc n'était qu'un
bois, et c'est un ministre d'Italie, le comte de ***,
qui a été l'Alphand du Japon. Ce diplomate s'est
épris d'une vive sympathie pour ce pays et a con-

sacré ses loisirs, non-seulement à dessiner ce jardin, mais à fonder pour le compte des Japonais toutes les collections indigènes, qui malheureusement ne sont encore qu'à l'état de musée rudimentaire ; aussi ses collègues l'appelaient-ils, par plaisanterie, le ministre des beaux-arts du Japon.

Comme dans toutes les villes d'Orient, la plus grande distraction que l'on puisse se procurer à Yeddo, c'est de se promener dans les rues. Les Japonais n'ont pas de fiacres, mais ont remplacé cette institution par de petites voitures semblables à celles dans lesquelles on promène en Europe les malades et les infirmes, avec cette différence qu'elles sont traînées par des coureurs infatigables qui vont aussi vite que des chevaux : on les appelle des *djinriska*. De cette façon, on circule au milieu de la population sans aucune fatigue, et les gens riches se font précéder d'un cavalier pour éviter les embarras de voitures. En parcourant dans un de ces équipages la ville de Yeddo, nous avons longé à plusieurs reprises le palais du Mikado, qui n'offre, à l'extérieur du moins, rien de curieux à voir ; c'est un grand carré entouré d'une muraille élevée avec des bastions à la chinoise, et d'un grand fossé rempli d'eau, qui, pendant une grande partie de l'année, sert d'habitation à d'innombrables vols de canards sauvages.

Nous avons aussi consacré une de nos soirées à

Chars japonais.

la visite des théâtres ; c'est, à peu de chose près, le
théâtre chinois ; on y joue des drames historiques
et légendaires et des vaudevilles. Comme en Chine,
les indigènes aiment à entendre ces grands drames
nationaux entremêlés de batailles et même de tours
de force, qui intéressent peu les étrangers. D'abord
ils sont écrits dans une langue spéciale très-difficile
à comprendre, et renferment des quantités d'allusions qu'il faudrait se faire expliquer, qui retardent
l'action et la rendent à peu près incompréhensible.
Je ne saurais mieux comparer ces représentations
qu'à celles des théâtres italiens. A Milan, à Venise
ou à Rome, les troupes chantent tout l'hiver le
même opéra, et le public vient seulement pour
entendre tel ou tel morceau ; aussi, avant comme
après son exécution, tout le monde cause et ne prend
aucune espèce d'intérêt à la pièce. De même, au
Japon, on va au théâtre pour voir les cabrioles de
l'acrobate populaire ou pour écouter les plaisanteries du bouffon, plaisanteries qui ont trait à des
incidents qui se sont passés dans la ville, la veille
ou le jour même ; l'étranger ne peut donc prendre
aucun plaisir à ces farces qui, d'ailleurs, sont
accompagnées d'une musique à faire danser les
chèvres. Quant aux vaudevilles, ils sont plus acces-
sibles à notre intelligence ; le réalisme en est peut-
être un peu fort, mais il tient au caractère asiatique
et se retrouve chez tous les peuples de l'Orient.

La seule différence bien sensible qui existe entre le théâtre chinois et le théâtre japonais consiste dans la présence de femmes. A Pékin ou à Shang-haï, elles ne montent jamais sur les planches, et sont remplacées par des jeunes gens de quatorze à vingt ans ; au Japon, non-seulement elles remplissent les rôles de leur sexe, mais dans plusieurs théâtres même elles jouent les travestis, et on les voit déguisées en roi ou en père noble ; c'est un attrait de plus, surtout pour l'étranger.

On ne peut pas dire que les pièces du répertoire soient de véritables drames ou de véritables comé-dies ; ce ne sont que des cadres, dans lesquels on fait entrer tout ce que l'on veut ; et, de même que dans nos féeries, on coupe l'action par des ballets, des chansonnettes et des divertissements qui per-mettent de varier le spectacle, sans en changer le titre ; de même, au Japon, on introduit dans un grand drame légendaire des changements de mise en scène et toutes sortes d'intermèdes comiques.

Dans ce pays, le théâtre tient plutôt du café-concert que du théâtre proprement dit ; on y boit, on y mange, et les spectateurs, au lieu d'être assis les uns à côté des autres comme dans nos orchestres, se réunissent par groupes autour de tables où on leur sert des rafraîchissements.

Les Japonais excellent aussi dans les tours d'adresse et d'équilibre ; presque partout en Europe, on a été à même de les apprécier, et il n'y à pas de cirque qui n'ait eu pour pensionnaires les plus célèbres d'entre eux, qui quittent leur pays pour parcourir l'Amérique et l'Europe ; il est donc inutile de raconter des tours qui sont connus de tout le monde. Moi-même j'ai vu à Vienne des équilibristes japonais, plus forts que tous ceux que l'on m'a montrés à Yeddo ; cependant, dans un dîner qui m'a été donné par le ministre du Japon en France, notre hôte fit venir un escamoteur des plus habiles ; mais les tours qu'il exécutait auraient produit peu d'effet dans un cirque et n'avaient de mérite que dans un salon ; il était aussi étonnant que M. de Caston, et cela sans posséder aucune des notions mathématiques qui facilitent tant dans ce genre d'exercices.

C'est un goût très-répandu dans toute l'Asie, et j'ai rencontré aux Indes des escamoteurs réellement incroyables ; à Madras notamment, il en est monté un sur le bateau qui nous avait amenés, d'une habileté extraordinaire ; il n'avait pour tout vêtement qu'un langouti et un turban, et portait à la main un petit sac de sable : il en fit devant tout le monde une petite montagne, y mit une graine et la recouvrit d'un mouchoir ; au bout d'un instant, prétendant avoir entendu du bruit, il enlève le mouchoir et nous montre un petit arbre qui avait poussé ; cette branche est bientôt remplacée par une autre chargée de fruits; enfin il se lève en poussant des cris horribles, et nous voyons sortir un énorme serpent de sa montagne factice. Entre chaque phase de ce petit drame, il posait un seul instant ses mains, qui nous semblaient vides, sous le mouchoir. Moyennant une somme d'argent, il répéta ce tour à découvert. Tous les objets qu'il faisait sortir du sable étaient cachés préalablement dans un pli de son jupon; et c'était à l'aide de l'escamotage, et avec une adresse infinie, qu'il parvenait à les glisser sous sa petite montagne.

Le goût du merveilleux est, au reste, commun à tous les Asiatiques, et c'est en Perse que j'ai vu les premiers charmeurs de serpents; chez eux, il n'y a ni adresse ni supercherie, mais l'emploi préventif d'une drogue qui empêche les ravages du poison de se produire.

A Yeddo comme à Pékin, les boutiques de curiosités sont nombreuses et constituent une des occupations des étrangers; mais on n'y trouve pas un choix aussi varié que dans la capitale du Céleste Empire. Les porcelaines anciennes sont presque introuvables; les beaux bronzes deviennent rares, et les vieux laques atteignent des prix insensés, aussi bien que les figurines d'ivoire dans la confection desquelles ils excellent. Somme toute, l'art japonais est inférieur à l'art chinois; jamais leurs porcelaines ne sont arrivées à la perfection des

Ming ou même de Kiang-si ou de Tien-long ; jamais ils n'ont obtenu cette pureté de matière, cette beauté d'émail qui, en fait de céramique, rendent les Chinois inimitables.

La porcelaine la plus recherchée au Japon est celle de Satzouma ; mais c'est plutôt une faïence qu'une porcelaine dure.

Les Japonais se sont plus attachés que les Chinois à soigner les détails de leurs œuvres ; c'est plus fini, plus habilement fait ; mais cela manque de grandeur et d'originalité. Là où le Chinois se contente de jeter une fleur ou un personnage à peine indiqué, et, pour ainsi dire, dessiné avec le doigt, les Japonais mettront un bouquet entier de petites fleurs dont on pourra compter les pétales, les feuilles et même les brins d'herbe. Ce sera joli, mais cela manquera de souffle et de vie. De plus, comme la matière première n'aura pas été suffisamment épurée, on ne trouvera jamais ces couleurs éclatantes tranchant sur un fond blanc de neige qui font la gloire des artistes chinois.

Il en est de même pour les bronzes ; ceux que l'on trouve au Japon seront peut-être plus appréciés du gros public européen, parce qu'ils se rapprochent davantage de ceux que l'on voit chez Barbedienne ; mais ils manquent absolument d'originalité. Prenons un exemple : pour faire un bronze niellé, le Japonais s'arrangera de façon que les fils d'argent suivent des courbes parfaitement régulières et même représentent des personnages, des animaux ou des monuments, et au premier aspect son bronze ressemblera assez à une ardoise polie sur laquelle on aurait tracé des dessins avec un crayon taillé le plus mince possible.

Le Chinois, au contraire, placera son or et son argent par grosses plaques sans s'inquiéter de reproduire exactement tel ou tel objet, et l'effet de ce décor sera saisissant. L'un plaira infiniment au bourgeois et fera une garniture de cheminée désirable ; l'autre sera acheté par quelque artiste, et, placé dans son atelier, attirera tout de suite les regards des visiteurs. Le premier est un objet d'ameublement; le second, un objet d'art qui pourra ne pas plaire, mais qui s'imposera à la discussion.

Quant aux cloisonnés, il est inutile presque d'en parler, tant ceux du Japon sont inférieurs. A proprement parler, l'art japonais se résume au laque; là, pas de concurrents; seulement je m'explique mal le prix de ces objets, et j'avoue, pour ma part, que mes yeux ne savent pas distinguer entre un coffret de cent francs et un de mille. J'ai vu beaucoup de laques en compagnie d'amateurs très-sérieux, mais je n'ai jamais pu me faire démontrer ce qui amenait ces immenses différences de prix.

Une autre chose que les Japonais font à merveille, ce sont les bijoux.

Autrefois ils portaient à leur ceinture un petit sac
destiné au tabac, et ce sac était accroché par un
bouton d'or avec des sujets en relief, en argent ciselé,
dont certaines parties étaient laquées en noir et en
rouge ; il est impossible de rien voir de plus exquis,
de plus fin, de plus fini que ces bijoux qu'on se
transmettait de génération en génération. Pour
acheter des bretelles et des faux-cols, les Japonais
ont vendu ces petites merveilles, et, comme il y en
a un grand nombre sur le marché, on peut s'en
procurer encore à assez bon compte. On en trouve
aussi en bronze et argent ; ils sont moins précieux
que les premiers, mais cependant très-enviables
encore.

Ce que l'on trouve aussi en profusion dans les
boutiques de curiosités, ce sont des armes, non-seulement ces sabres célèbres par la dureté de leur
trempe, mais des armures complètes. Parmi ces
dernières, il y en a de fort belles, damasquinées
d'or et d'argent, et il n'est même pas rare de rencontrer de vieilles armes européennes. Un de mes
amis, M. de Monbel, qui a résidé plusieurs années
au Japon, en a rapporté une collection de casques,
la plus belle, je crois, qui soit au monde.

Elle se compose non-seulement de casques japonais, mais aussi de casques coréens, mongols, hollandais et portugais, provenant sans doute de tro-
phées militaires ayant appartenu à de vieilles familles

de daïmios, qui les ont vendus pour payer une note de tapissier, de tailleur ou de couturière. Car, du vieil art japonais, les seuls qui soient restés à la mode sont le vieux laque et les vieilles porcelaines.

On trouve aussi dans ces boutiques des ivoires merveilleux. Les uns, d'une dimension un peu plus grande et qu'on appelle des pitons, servaient à conserver les pinceaux avec lesquels on trace, en guise de plume, les caractères chinois adoptés par la langue japonaise. Les autres sont de simples figurines grotesques dont les Japonais aiment à remplir leurs étagères; quelques-unes sont d'un cynisme révoltant et d'un réalisme à faire pâlir l'école de M. Manet. Au demeurant, le grotesque et la caricature sont un des caractères distinctifs de l'art japonais, et l'on trouve par milliers des albums qu'on pourrait attribuer au crayon de Goya; c'est à la fois burlesque et terrible, et, comme chez l'artiste espagnol, la mort sous son aspect le plus repoussant se trouve reproduite presque à chaque page.

Les Japonais, il est assez curieux de l'observer, manquent d'originalité et ont toujours été à la remorque de l'influence étrangère, tout en restant cependant un peuple très-exclusif. Ainsi, par exemple, la langue japonaise proprement dite n'a pas la même origine que la langue chinoise; cependant les Japonais ont été tellement sous l'influence de leurs voisins qu'ils ont adopté les caractères chinois, et qu'aujourd'hui encore ce sont ceux dont on se sert. Personne n'ignore que l'écriture chinoise est phonétique, c'est-à-dire que chaque caractère représente un monosyballe, et que chacun de ces monosyllabes est un mot. Les Japonais, en adoptant l'écriture chinoise, n'ont pas renoncé à leur langue; seulement le caractère qui signifie *homme* en chinois et se prononce *Jen* veut également dire *homme* en japonais et se prononce..... Pour nous autres Européens, habitués à voir dans l'écriture la représentation de sons, cela paraît un peu étrange, et les conséquences sont juste opposées à celles que l'on peut tirer chez nous des études philologiques. Quiconque connaît l'alphabet latin peut lire n'importe quel ouvrage dans les langues qui ont adopté cet alphabet sans le comprendre; tandis qu'au contraire un Japonais lettré peut comprendre n'importe quel ouvrage chinois, mais est incapable de le lire.

A ce sujet même, j'ai été témoin d'une anecdote assez drôle. En 1875, au moment du conflit occasionné par les pirates de Formose entre la Chine et le Japon, le commissaire impérial Ocubo, le même qui plus tard a eu une fin tragique, ne savait pas un mot de chinois, et, pour s'entendre avec les membres du tsong-ly Yamen, était obligé de se servir d'une ardoise, comme cela a lieu pour les sourds et muets.

Tout en haïssant les Chinois, les Japonais les copiaient servilement et tâchaient de s'inspirer de leur génie dans les arts industriels. Cela est si vrai que, pour le dix-septième siècle notamment, il est assez difficile de déterminer l'origine de certaines porcelaines : sont-elles chinoises ? sont-elles japonaises ? Les uns disent oui, les autres disent non ; et chacun appuie son opinion sur des détails tellement minimes que la conséquence à tirer pour les esprits indépendants est que ces deux fabriques produisaient des effets identiques.

Mais ce n'est pas seulement dans les arts que les Japonais cherchaient à imiter les Chinois, c'est aussi dans leurs mœurs. Les Chinois ont toujours été dans l'extrême Orient à la tête de la civilisation, et les nations voisines, Japonais, Coréens, Mongols, Thibétains, Birmans et Annamites, ont toujours tourné leurs yeux vers la capitale de l'empire du Milieu, comme vers le véritable pôle. En Europe, les élégants ont été, suivant les époques, Italiens, Espagnols, Français ou Anglais; dans l'extrême Orient, les raffinés ont toujours été Chinois. Il résulte de ce fait que, jusqu'au moment où les Japonais se sont jetés tête baissée dans la civilisation européenne, il était élégant à Yeddo de se chinoiser le plus possible, et de même que, pendant vingt ans, toute la

jeunesse dorée en Europe a tenu à s'habiller à
l'anglaise, de même les tailleurs chinois faisaient
florès dans toutes les grandes villes de ces pays. Je
crois donc que pour bien connaître ces peuples, il
est indispensable d'avoir préalablement étudié la
civilisation chinoise, et je conseillerais à tous ceux
qui désirent s'avancer dans cette branche des connaissances humaines, de commencer par lire avec
soin les ouvrages que les missionnaires ont écrits
sur la Chine, et le *Compendium* du père du Halde
est en quelque sorte l'*epitome* des orientalistes non
musulmans. Un exemple à l'appui de cette théorie.
Je me promenais avec un officier de marine nou-
vellement débarqué dans les rues de Yokohama, et
il me faisait remarquer que jamais un marchand
n'enveloppait les objets qu'il venait de vendre dans
de vieux journaux, et qu'il avait toujours soin d'employer à cet usage du papier blanc. Il cherchait là
une nouvelle démonstration du goût de ce peuple
pour la propreté, et fut tout étonné lorsque je lui
appris que la propreté n'avait rien à voir à cela, et
que c'était purement et simplement la conséquence
de la civilisation chinoise, un empereur des anciennes dynasties ayant, par respect pour la science,
décrété la défense de déchirer un livre quelconque,
et de respecter tout papier couvert d'écriture.

Tout l'Orient repose sur des sous-entendus, et
c'est ce qui constitue une des plus grandes diffi-

cultés pour ceux qui se livrent aux études asiatiques. Une des expressions favorites usitées en Perse, en Chine et au Japon, c'est de résumer en un seul mot une anecdote et d'en faire une sorte de proverbe. Du temps de Gengiskan ou d'un de ses successeurs immédiats, on raconte qu'on servit dans un banquet impérial un plat d'aubergines. Le prince, après y avoir goûté, s'écria : «Voilà d'excellentes aubergines» ; et tous les courtisans de se précipiter sur ce légume et de répéter en chœur : «Quelles excellentes aubergines! » Au bout d'un instant, Sa Majesté repoussa le plat et dit : «Je m'étais trompé, ces aubergines sont détestables » ; et tous les courtisans de répéter : «Elles sont détestables. — Quels hommes êtes-vous donc, dit le souverain, que vous changez d'opinion aussi rapidement, et que, suivant mon bon plaisir, vous mangez d'un plat jusqu'à l'indigestion ou vous le rejetez avec dégoût ? — Nous ne sommes pas aux gages des aubergines, répondit un courtisan, et notre goût dépend de celui qui nous paye. » — De là une locution populaire en Perse, employée quand on parle de quelqu'un qui change d'avis : « Il n'est pas au service des aubergines », phrase incompréhensible pour quiconque ne connaît pas cet apologue.

Toute la littérature de l'extrême Orient est remplie de faits analogues, et à Yeddo aussi bien qu'à Mandalay ou au Cambodje ou au Thibet, il faut connaître à fond toutes les anecdotes de la cour de Chine pour pouvoir comprendre les allusions proverbiales de l'argot de ces pays.

Le papier joue un grand rôle dans les constructions japonaises ; la plupart du temps, les chambres ne sont séparées entre elles que par des cloisons de papier sur lequel on peint toutes sortes de sujets. C'est là qu'il faut chercher l'expression la plus complète de l'art national. Comme partout en Asie, la nature morte joue le rôle principal ; les fleurs et les animaux y sont rendus avec une exactitude qui n'est pas sans mérite. Quant aux scènes animées, c'est surtout le côté grotesque et populaire que l'artiste se plaît à rendre, et quelqu'un qui posséderait une collection de ces compositions pourrait, sans se déplacer, se faire une idée parfaitement exacte du Japon, pourvu qu'il soit bien convaincu que ce qu'il voit n'est pas le résultat d'une débauche d'imagination, mais bien la manifestation de la vie réelle, envisagée peut-être un peu trop du côté comique.

Ce qui distingue les peuples de l'extrême Orient, c'est le manque de simplicité ; deux individus qui se rencontrent dans la rue ne se bornent pas, comme en Europe, à se saluer par un coup de chapeau ou un signe de la main ; ils s'arrêtent, se font de grandes révérences avec de grands gestes, et encombrent la rue, et cela même dans les basses classes de la société.

C'est ce qui explique le maniéré que l'on trouve dans les œuvres d'art de ces peuples, et leur supériorité à rendre les natures mortes. Ils sont toujours vrais; mais dans un cas ils semblent cesser de l'être, tandis que dans l'autre, ils le sont pour tout le monde. Une rose ou une pivoine ressemble à toutes les roses et à toutes les pivoines; mais une scène de la vie japonaise ne ressemble à rien, et, pour peu que le peintre se laisse aller à exagérer un des traits, il cesse d'être croyable.

Une des choses qui empêchent le plus les Japonais de progresser sérieusement dans la nouvelle voie où ils sont entrés, c'est l'absence d'un programme suivi, établissant entre les différentes branches des sciences modernes une relation indispensable. Ils n'ont ni unité d'enseignement ni même unité de tendance. Jugeant superficiellement les Européens d'après leur manière de vivre, ils se sont figuré qu'il n'y avait entre eux d'autre différence que celle du langage. Partant de là, pour satisfaire les compétitions étrangères, ils partagèrent entre les différentes nations occidentales les emplois dont ils disposaient. On vit la chaire de médecine accordée à un Allemand, tandis que celle de droit était échue à un Français. Ils prirent des Anglais pour former la marine et des Français pour organiser leur armée. Malheureusement, les nations d'Europe, tout en étant d'accord sur les grandes lois de la nature, ont une façon différente d'en apprécier les applications et même de les enseigner. Qu'arriva-t-il? Les Japonais, n'ayant pas un corps enseignant homogène et professant les mêmes doctrines, cessèrent de comprendre les matières qu'on leur apprenait, et les jeunes ne surent bientôt plus qui croire. Ainsi, par exemple, les Français et les Anglais admettent la nécessité de la discipline dans les armées de terre et de mer, mais ils ne la pratiquent pas de la même façon : se figure-t-on un pays dont l'armée et la marine n'aient pas le même esprit militaire ou tout au moins n'envisagent pas de même leurs devoirs? Croit-on qu'ils puissent concourir à la défense du pays d'une manière aussi efficace que si ces deux institutions étaient mues par la même impulsion? Sur toutes choses, on enseigne à l'université de Yokahama des doctrines diamétralement opposées. Les jurisconsultes français sont spiritualistes, et l'étude du droit entraînant nécessairement celle de la psychologie, les jeunes gens qui suivirent les cours de M. de Boissonade de Fontarabie entendirent professer des principes que le voisin, qui occupe la chaire de médecine et qui est matérialiste, déclarait tous les jours être erronés. Il est impossible de nier que cet état de choses n'ait été très-nuisible au développement des jeunes Japonais.

En Europe, nous voyons les détestables conséquences de ces divisions, et cependant notre état intellectuel est assez avancé pour nous permettre d'approfondir ces matières ardues et de choisir la voie dans laquelle nous voulons nous engager. Il est donc facile de s'imaginer ce qui a pu se passer dans le cerveau des Japonais en entendant professer des doctrines si différentes par des hommes qu'ils regardaient comme bien supérieurs à eux. Lorsque les Occidentaux envahirent le Japon, il suffit d'un ou deux engagements pour montrer aux Japonais combien leur résistance était vaine. Naturellement ils cherchèrent à connaître les causes de leur infériorité et à y remédier; ils étaient persuadés que les Européens savaient tout, que la chimie, la physique, les mathématiques, en un mot, toutes les sciences exactes, n'avaient plus de secrets pour eux, et que, grâce à ces connaissances, ils dominaient le monde. Or, comme il est toujours moins pénible d'attribuer ses défaites à des causes de force majeure et de sauvegarder son amour-propre par la pensée que ni le courage ni l'habileté n'ont fait défaut à ses armes, les Japonais admirent, sans objection, l'infaillibilité des bateaux à vapeur cuirassés, des canons rayés, des fusils à aiguille, et se persuadèrent même facilement qu'une fois qu'ils seraient en possession de ces engins de guerre, ils seraient, eux aussi, invincibles. Ils furent cependant un peu déroutés en apprenant que la science européenne n'était pas tout à fait aussi unie qu'ils le pensaient, et que, même sur les points les plus importants, il existait des écoles diamétralement opposées.

La science, pour être véritablement profonde, a besoin de germer dans un terrain bien préparé; il faut l'acquérir par petites doses : c'est une vérité que chacun de nous a pu constater. A qui n'est-il pas arrivé d'ouvrir un livre technique et d'essayer de le lire? Mais comme il s'agit de choses qu'on ignore, le cerveau fatigué cesse de comprendre, après la lecture de quelques phrases, même le sens des mots; les yeux continuent à lire, mais l'esprit est ailleurs. On reprend les pages précédentes, on les relit deux ou trois fois sans obtenir un meilleur résultat, et l'on finit par mettre l'ouvrage de côté en déclarant que son auteur manque de clarté.

Vienne un homme compétent, il vous explique ce que votre esprit avait refusé de comprendre, et vous fait toucher du doigt des choses qui vous paraissaient si embrouillées. Vous revenez alors sur votre premier jugement : il devient évident pour vous que ce n'était pas l'auteur qui manquait de netteté, mais que c'était vous qui n'étiez pas compétent pour l'apprécier. Le dicton populaire : « Paris n'a pas été bâti en un jour », est l'expression complète de cette vérité, et tout homme qui voudra commencer l'étude de la philosophie par Hegel ou Maine de

Biran, celle de l'histoire naturelle par Darwin et des mathématiques par un livre d'algèbre, risque fort de ne jamais rien comprendre ni à la philosophie, ni à l'histoire naturelle, ni aux mathématiques. C'est la situation des Japonais : on leur apprend des résultats, sans leur montrer comment on y est arrivé, et ils resteront dans cet état jusqu'à ce qu'une nouvelle génération se soit élevée, dont on aura commencé l'éducation dès l'enfance.

Cette opinion n'est pas de moi; elle vient de Darwin et est la conséquence forcée de son enseignement. En effet, ce savant, peut-être le plus considérable des temps modernes, nous dit, dans sa théorie de la *sélection*, qu'il faut plusieurs générations pour changer le caractère d'un animal et lui donner à coup sûr les qualités qu'on désire obtenir de lui.

Pendant des siècles, les Japonais ont été élevés dans des idées ou des croyances contraires à celles qu'ils veulent adopter aujourd'hui. Ce ne sont pas des hommes de quarante ans, dont le cerveau est déjà complétement formé, qui peuvent, du jour au lendemain, abandonner toutes leurs erreurs et les remplacer par des vérités. La seule chose que l'on puisse légitimement leur demander, c'est qu'ils comprennent la nécessité d'élever leurs enfants dans d'autres idées, et qu'ils ne viennent pas contre-carrer leurs précepteurs.

Un missionnaire d'une grande valeur me disait un jour : « Nous n'avons pas l'espoir de convertir complétement les adultes, et, pourvu qu'ils admettent la supériorité du christianisme et qu'ils éprouvent le désir de le pratiquer, nous leur donnons le baptême tout en sachant qu'ils ne feront que des croyants médiocres. Mais notre espoir est dans leurs enfants. Le païen, devenu chrétien de nom, nous confiera leur éducation, et nous pourrons, à l'âge où se forme la conscience, leur donner des principes qui les rendront chrétiens du fond du cœur. »

C'est en vivant à l'étranger que l'on comprend le mieux la gravité des problèmes qui s'agitent dans notre vieux monde et qu'on s'aperçoit du danger que font courir à la société les excès du rationalisme dont nous sommes envahis aujourd'hui. On veut changer de fond en comble l'ordre social, et l'on cherche à détruire ce qui existe, avant même d'avoir songé à ce que l'on mettra à sa place. L'étude du Japon nous montre ce que peut devenir une société qui se laisse aller à ces rêveries. Les Japonais ont cessé d'être bouddhistes, mais ils ne savent encore quelle religion adopter, et ils paraissent assez enclins à penser qu'il est inutile de compliquer la vie d'une croyance religieuse quelconque.

Il semble que leur but unique et exclusif soit de gagner de l'argent et d'augmenter le nombre de leurs jouissances ; aussi affectent-ils d'ignorer absolument tout ce qui n'a pas un but utilitaire, et professent-ils le mêmes scepticisme que les socialistes en Europe.

Le Japon se régénérera-t-il de cette façon? J'espère que non, et je veux croire, pour l'honneur de l'humanité, qu'une fois que l'engouement exagéré pour les réformes sera un peu dissipé, les Japonais rentreront dans une vie plus normale, et qu'ils attacheront autant d'importance à développer le sens moral de leurs enfants que les autres peuples.

Le Japon est pauvre; cela tient à plusieurs causes : le pays est petit pour sa population, et le sol cultivé suffit à peine à sa nourriture; en outre, l'industrie est peu développée, et la fabrication du laque et des papiers peints, ainsi que la sculpture de l'ivoire, ne peuvent suffire à créer des ressources à ceux qui ne trouvent pas l'emploi de leurs bras dans l'agriculture. En fait de grande industrie, je n'en vois aucune établie au Japon, et, jusqu'à présent, le pays est tributaire de l'étranger, soit pour les étoffes, soit pour les métaux.

Cependant on prétend qu'il renferme de grandes richesses minérales; mais, jusqu'à présent, le charbon est le seul minerai qu'on ait exploité. L'usage de la houille de Nangasaki est assez répandu dans l'extrême Orient et fait aux charbons d'Australie une concurrence des plus sérieuses.

Pendant longtemps, les bateaux à vapeur qui naviguent dans ces mers brûlaient du newcastle ou du cardiff; mais, depuis l'ouverture du canal de Suez, la navigation à vapeur a fait de tels progrès que l'usage du combustible anglais était devenu ruineux ; quand, partout ailleurs, on pouvait naviguer au prix de quarante francs les vingt-quatre heures, sur les côtes de Chine et du Japon il était impossible de fixer le prix des passages à moins de soixante-dix ou quatre-vingts francs : le moindre voyage dans ces mers coûtait donc presque aussi cher que celui d'Europe, et, pendant que l'on payait soixante-quinze à quatre-vingts francs pour le fret d'une tonne de marchandises entre Marseille et Shang-haï, le transport de cette même tonne entre cette ville et Yokohama coûtait soixante francs.

Le besoin de l'ouverture d'une nouvelle mine de charbon abaissant le prix du combustible s'imposait donc comme une nécessité absolue, et, pendant que les Chinois, toujours exclusifs et conservateurs, hésitaient à exploiter les mines du Shan-toung ou de Formose, dans la crainte de créer aux étrangers une situation trop forte, les Japonais, mieux avisés, ouvrirent les mines qu'ils possédaient près de Nangasaki.

Presque tous les charbons peuvent être employés par les navires à vapeur; il s'agit seulement d'établir les grilles suivant la nature des différentes espèces de houilles. Celles du Japon sont particulièrement grasses et collent contre les barreaux ; il faut donc un tirage spécial pour activer la combustion et l'empêcher d'être étouffée par le manque d'air. C'est une simple question de détail, et le premier ingénieur venu est capable de la résoudre. Seulement, c'est une dépense de changer la forme des grilles, et, après l'ouverture des mines japonaises, les bâtiments furent organisés pour brûler ce charbon.

Pour se servir du produit des mines chinoises, il faudrait adopter probablement un nouveau système de fourneaux, et les compagnies reculeront devant ces frais, tant que le prix du charbon de Nangasaki se maintiendra à un taux raisonnable. En prenant les devants, les Japonais ont donc fait preuve d'habileté et créé à leur pays une véritable ressource. Malheureusement, ils manquaient de capitaux, et ils ont dû contracter des engagements onéreux avec des banques, pour se procurer l'argent nécessaire à cette exploitation. C'est toujours la même chose, et, de quelque côté qu'on se retourne, on voit toujours les Japonais forcés de devenir tributaires des banques ou des grosses maisons de commerce, et je crains que les hommes d'État de ce pays ne soient engagés dans une voie sans issue. Ils ont voulu trop faire à la fois et trop vite, et, pour me servir d'une expression vulgaire, ils ont mangé leur blé en herbe.

Le mauvais état des finances est la plaie du Japons et de même que nous voyons de grosses fortune particulières se fondre par une mauvaise adminis-

tration, de même les ressources du Japon, engagées
à l'avance, laissent de gros bénéfices entre les mains
de l'Oriental Bank et de la maison Jardine, sans
profiter aux indigènes.

C'est là le danger le plus sérieux que court le
pays; peut-être l'expérience amènera-t-elle les Japonais à être plus économes de leurs ressources, et
à comprendre qu'il vaut mieux pour eux retarder
de quelques années l'extension de leurs lignes de
chemin de fer et de leurs travaux d'utilité publique,
jusqu'au moment où ils pourront le faire sans avoir
recours à des emprunts onéreux.

Il serait également à désirer pour eux de les voir
introduire des réformes dans les dépenses de la cour,
qui sont trop considérables pour un pays obéré
comme le leur. Mais il leur faudra un certain courage pour résister au courant qui les entraîne, et
s'affranchir des conseils intéressés des étrangers,
qui jouissent aujourd'hui de leur confiance.

Parmi ces conseillers, les plus dangereux sont les
Américains, dont l'esprit d'entreprise n'a pas de
limites. Dans un pays aussi vaste, aussi peu peuplé
et offrant autant de ressources que les États-Unis,
cet esprit d'initiative produit souvent de bons résultats, et le *Go ahead* peut être une formule de
succès.

Mais il n'en est pas de même dans un pays comme
le Japon, où tout le sol cultivable est déjà exploité,

et où les richesses ne sont pas à créer, mais à administrer, et où, en un mot, il ne s'agit pas de bâtir une maison, mais de la réparer. Les véritables amis du Japon s'efforceront de bien convaincre ses habitants que tout n'est pas à changer, et qu'arrivés au point de civilisation où ils sont, ils doivent être fiers de leur œuvre et ne pas la jeter au vent d'ambitions intéressées et malsaines.

Autant il était sage d'initier le Japon aux grandes découvertes des sciences modernes, autant il serait fou de tout bouleverser pour *européaniser*. On peut se servir de la vapeur et de l'électricité sans, pour cela, être obligé de copier servilement la forme des poteaux du télégraphe ou la couleur des bateaux.

Jusqu'à présent, les applications ingénieuses que les savants ont faites de leurs découvertes s'adressaient à des peuples qui, sans être absolument semblables, étaient cependant assez rapprochés les uns des autres pour pouvoir s'accommoder des mêmes innovations. Aujourd'hui, il n'en est plus de même; il s'agit d'introduire ces mêmes applications chez des peuples dont les tendances diffèrent essentiellement.

Les Chinois, avant de se lancer dans cette voie, ont déclaré vouloir réfléchir. Et leur orgueil les a bien servis dans cette circonstance, en leur conseillant non de se soumettre aveuglément aux formules des innovateurs, mais d'exiger que lesdits innovateurs modifiassent les formules en vue de leurs besoins. Aussi lorsqu'on les pressait d'accorder la concession de telle ou telle ligne de chemin de fer et qu'on leur faisait ressortir l'avantage qu'il y aurait pour la Chine à laisser une compagnie en doter à ses frais le pays, ils répondirent : Il est probable que les chemins de fer sont une bonne chose, puisqu'on en a couvert l'Europe, et que l'Europe est prospère ; mais nous ne pouvons savoir ce que l'introduction d'un pareil mode de locomotion produirait en Chine, et si les institutions du pays seraient assez fortes pour supporter un pareil changement. Avant donc de nous décider à faire des chemins de fer, nous devons chercher la manière de rendre cette innovation inoffensive pour notre forme de gouvernement. En un mot, nous considérons la chose comme bonne, mais nous ne l'adopterons que quand nous aurons trouvé la manière de la *chinoiser*.

Les Japonais, au contraire, dont l'imagination est plus chaude et l'esprit plus vif que chez leurs voisins, se sont lancés sans réserve dans la voie des réformes, disant : Il est indispensable d'avoir des chemins de fer, des télégraphes et des bateaux à vapeur ; faisons-en donc sans nous inquiéter des dangers que cela fera courir à nos institutions.

Le résultat de cette politique a été une révolution complète dans les mœurs, les croyances et le gouvernement du Japon.

Jusqu'à présent, ce bouleversement n'a amené que la ruine financière ; mais il n'est pas prouvé qu'on s'arrête là, et il est à craindre qu'une nation lancée comme le sont les Japonais ne finisse par s'effondrer dans les guerres civiles et les massacres.

Quand un homme n'est plus arrêté par aucune croyance religieuse et qu'on ne lui a pas appris dès l'enfance à distinguer le bien et le mal, et à éviter de commettre certains actes irrévocables, il serait imprudent d'affirmer que cet homme ne deviendra pas un épouvantable scélérat. L'instruction n'est rien sans l'éducation, et l'on ne peut sans frémir songer à une société dont les membres sont absolument dénués de cette dernière et qui a remplacé le mot conscience par ceux d'intérêt et de jouissance. C'est ce qui arrive au Japon : la leçon pourra être utile aux voisins, mais n'en sera pas moins douloureuse pour ceux qui, comme nous, aiment les Asiatiques et éprouvent une sympathie sans réserve pour cette partie de l'humanité qui a initié le reste du monde à la civilisation.

Il est encore trop tôt pour porter un jugement définitif sur le peuple japonais : on est encore à Yeddo en pleine révolution, et, avant d'approuver ou de blâmer, il faut savoir ce qui sortira de cet état de choses. Mais ce qu'on peut néanmoins d'ores et déjà signaler, ce sont la violence et la rapidité avec lesquelles les Japonais ont fait disparaître toutes les vieilles institutions de leur pays, et, comme je le dis plus haut, on est passé de la féodalité la plus exclusive à l'état démocratique le plus avancé, sans aucune transition.

L'ancienne constitution du Japon avait beaucoup de rapport avec celle de l'Europe au temps des Mérovingiens, c'est-à-dire que le pays était entre les mains d'un certain nombre de grands seigneurs. Chacun d'eux était maitre chez lui, et devait un simple hommage au souverain, hommage qui constituait le lien entre ces différents seigneurs.

Le roi ou Mikado n'avait aucune espèce de pouvoir civil; c'était un personnage religieux, une sorte de Bouddha vivant, ne quittant jamais son palais, et n'étant, pour ainsi dire, vu par personne.

Il avait un maire du palais appelé Taïkoun, chargé de toutes les affaires politiques, et usant en son nom de toutes les prérogatives dont il était revêtu. Ce Taïkoun était lui-même un des plus grands seigneurs du pays, et l'on était tellement accoutumé à le considérer comme le véritable souverain que, pendant les premières années qui suivirent notre entrée au Japon, on croyait qu'il y avait réellement deux chefs, l'un investi du pouvoir religieux, l'autre du pouvoir politique. En cherchant à démêler l'écheveau de ce dualisme, on finit par s'apercevoir que le Taïkoun n'était au fond qu'un daïmio comme Satzouma, et que l'autorité qu'il exerçait était usurpée.

Cette découverte fut la cause première de la révolution au Japon; ceux des étrangers qui n'avaient pas à se louer du Taïkoun et qui voulaient pêcher en eau trouble n'hésitèrent pas à raviver les vieilles rivalités qui existaient entre les grandes familles japonaises, et à les soulever contre ce maire du palais. La guerre civile ne fut pas heureuse pour ce dernier; il fut battu, dépouillé de ses priviléges, et disparut pour toujours de la scène politique, bien heureux d'avoir conservé la vie.

Mais si les daïmios réunis avaient été assez forts pour se débarrasser du Taïkoun, il fut bientôt évident qu'aucun de ces seigneurs n'avait une autorité et une intelligence suffisantes pour s'emparer du pouvoir. Il devint donc nécessaire, pour éviter l'anarchie, de sortir le Mikado de ses langes et d'en faire un véritable souverain.

Du jour au lendemain l'autorité passa dans les mains de ceux qui, tout en ayant une fonction dans l'État, n'étaient cependant pas daïmios; ces derniers se méfiaient les uns des autres, craignaient par-dessus tout la reconstitution du taïkounat en faveur de l'un d'entre eux, et ils préféraient, ne pouvant s'emparer du pouvoir, le remettre à ceux qui n'avaient pas d'influence territoriale et dont l'élévation ne blesserait l'amour-propre ni les intérêts matériels de personne. Quant au Mikado, débarrassé de ses maires du palais et libre de toutes chaînes, il trouva que la révolution qui avait renversé le Taïkoun était une bonne chose, et, afin d'éviter de retomber dans la tutelle d'un nouveau maître, il écarta résolûment les daïmios qui lui portaient ombrage pour s'entourer de ceux qui avaient intérêt à soutenir le nouvel ordre de choses.

Au fond, si cette guerre civile n'avait pas eu l'inconvénient de ruiner complétement le pays, il n'y aurait pas eu lieu de tant en parler ; ce serait un de ces faits comme il s'en passe partout, une de ces folies dont les peuples sont pris périodiquement. Malheureusement les daïmios et le Taïkoun employèrent dans cette guerre tous les moyens les plus dispendieux et les plus en désaccord avec l'état d'ignorance des Japonais.

Chaque parti voulut avoir une flotte à vapeur et des profusions d'armes à tir rapide ; et, comme il fallait se procurer ces choses instantanément, on en profita pour les faire payer un prix exorbitant, sans compter que l'on se servit de ces circonstances pour tromper sur la qualité.

Au bout de quelques coups, les canons éclataient, et, après un voyage de deux ou trois jours, les machines des steamers étaient dérangées. Comme toujours, les Japonais avaient décliné les offres des négociants sérieux et avaient préféré se mettre entre les mains des aventuriers.

C'est un fait très-singulier et qu'on peut observer depuis Tunis jusqu'au Japon. Un gouvernement asiatique ne s'adressera jamais à un homme compétent, mais il ira toujours chercher un aventurier quelconque pour le charger de ses commandes.

Supposons, par exemple, que le pacha de Gerolstein ait besoin de deux bâtiments à vapeur; il ne fera appeler ni M. Smith, ni M. Durand, armateurs français et anglais, qui lui auraient fourni ces bâtiments au prix de cinq cent mille francs; mais il fera venir son médecin ou le marchand de diamants de la favorite, et lui donnera négligemment ses ordres. Qu'arrivera-t-il? Ce médecin et ce juif iront s'adresser à M. Durand ou à M. Smith, et lui diront : Nous sommes chargés d'acheter des bateaux à vapeur, et nous voulons gagner cent mille francs. C'est très-facile, et l'on vend alors au pacha six cent mille francs les bateaux qu'on lui avait offerts, la veille, pour cinq cent mille, avec cette différence que, M. Smith et M. Durand n'étant plus directement en cause, il leur est parfaitement égal que les bateaux soient bons ou mauvais, et que, par conséquent, ils livreront ce qui leur rapportera les plus gros bénéfices.

Cette manière de faire se répète toujours et partout, et l'on peut être sûr qu'entre un homme offrant toutes les garanties possibles et un aventurier, le souverain asiatique choisira toujours ce dernier. Les exceptions que l'on pourrait opposer à cette règle sont rares, et, pour la plupart du temps, ne feraient que la confirmer, car souvent des hommes sérieux n'ont pu arriver à la position qu'ils occupent que par une sorte de tour de passe-passe.

De temps à autre, ces rois ou ces pachas, ennuyés d'être toujours trompés, s'adressent directement en Europe, et prient le gouvernement français ou tout autre de leur envoyer tantôt un ingénieur, tantôt un professeur ou un légiste ; mais l'arrogance et les prétentions de cet ingénieur, de ce professeur ou de ce légiste deviennent telles que, froissés journellement par eux, ils préfèrent les hommes qui les volent, mais qui ne troublent pas leur vie. Bien souvent aussi le pacha de Gerolstein ne tiendrait nullement à réformer quoi que ce soit dans son pays ; seulement il ne veut pas être traité de barbare, et puisque, pour être civilisé, il faut avoir une université, il en a une, mais peu lui importe la valeur des professeurs, et, d'ailleurs, les Européens savent tout : combien de fois n'a-t-il pas vu le même personnage changer de métier et être général, ingénieur ou médecin suivant les circonstances ?

Le Japon était une proie trop séduisante pour échapper à ces industriels ; pensez donc ! un pays où l'or avait si peu de valeur qu'on l'échangeait à prix

égal pour de l'argent! Malheureusement cela ne
dura pas; les ressources furent vite épuisées, et
comme les emprunts n'avaient servi qu'à solder de
mauvais canons et de détestables bateaux à vapeur,
ce furent des dépenses en pure perte, et, une fois
le Japon placé sous la férule des banquiers, il n'a
pu trouver d'argent même pour les choses utiles.

Mais revenons à l'administration propre : lorsque
le pouvoir retomba aux mains du Mikado et de ses
amis, la plupart gens sans naissance et qui devaient
leur position à leurs opinions démocratiques, la
première chose qu'ils firent fut d'engager le pays
d'une façon irrévocable et de détruire la féodalité
jusque dans ses derniers vestiges.

Les choses se passèrent au Japon comme elles
s'étaient passées en France en 1789, c'est-à-dire que
les intéressés furent les premiers à renoncer à leurs
priviléges. Jusqu'à présent la révolution japonaise
n'a versé dans aucune ornière sanglante; quelques-uns de ses hommes d'État sont bien morts
d'une façon tragique, mais c'est à la suite de
guets-apens et d'assassinats, et nullement sous le coup
de jugements de tribunaux révolutionnaires. Le
Japon a eu cette chance heureuse, que les conséquences de la chute de la féodalité ont été aussi
bien en faveur de la royauté que du peuple, de sorte
que la popularité du Mikado est immense et que
personne ne lui conteste un pouvoir dont il n'avait

pu abuser et dont il n'abusera certainement pas dans l'avenir.

Ceux qui mènent le Japon aujourd'hui ont compris que la meilleure barrière à opposer au retour de l'ancien régime, c'était l'Europe, et qu'en ouvrant toutes grandes les portes à l'étranger, ils introduiraient une telle réforme dans les mœurs du pays qu'elles se trouveraient complétement transformées.

C'est ce qui explique la *furia* avec laquelle le Japon s'est jeté dans toutes les innovations ; pourvu qu'il détruisit les traces du passé, tout lui était égal. Ce ne sont pas des hommes ordinaires, ceux qui ont pu changer en quelques années une population d'une trentaine de millions d'âmes.

Le philosophe suivra certainement avec l'intérêt le plus grand cette évolution qui arrachera pourtant des larmes de regret à l'artiste ; ce devait être un adorable pays à visiter quand il avait conservé son cachet d'originalité : ce qui reste de ce vieux monde habité par des hommes aux mœurs si étranges est encore bien séduisant, et rien ne pourra le remplacer.

Autant les Japonais sont laids avec le costume européen, autant ils étaient étonnants dans leur costume national : les femmes surtout étaient ravissantes avec leurs coiffures relevées et retenues par une grande épingle d'écaille.

Les tons doux du crêpe de Chine s'harmonisaient à merveille avec leur teint un peu jaune; les grandes manches cachaient leurs poignets mal attachés, et les sandales déguisaient la grosseur des chevilles; car, il faut bien l'avouer, les Japonaises pèchent par les extrémités; contrairement au reste des Asiatiques, elles ont de vilains pieds et de vilaines mains, et, chose extraordinaire dans un pays où les préjugés de race n'existaient pas, au moins quant au mariage, les classes supérieures sont, physiquement parlant, très-inférieures au reste de la nation. Parmi les paysans et la population travailleuse des villes, on voit des hommes superbes, tandis que la bourgeoisie ressemble aux jeunes Japonais que l'on rencontre dans nos capitales. Si la ressemblance des traits n'était pas aussi grande, ce serait à croire que l'on se trouve en présence de deux races différentes.

Au point de vue industriel, je serais porté à croire que le Japon est inférieur à la Chine, et ce qui me confirme dans cette idée, c'est de voir dans les villes japonaises les Chinois exerçant la plupart des métiers. Ces deux races ne s'aiment cependant pas; il faut que la supériorité des Chinois soit bien réelle pour que cet état de choses subsiste.

En Europe, les Japonais sont préférés aux Chinois; on apprécie le fini de leur fabrication, et, dans ces derniers temps, le goût des *japoneries* a fait irruption partout, aussi bien dans la toilette des femmes que dans la fabrication des articles de Paris. Combien de temps cette mode durera-t-elle ? je l'ignore ; mais il est impossible de se dissimuler son existence et même son influence.

De tous les peuples asiatiques, le Japonais est celui qui s'assimile le mieux, et, tout en constatant le côté burlesque des coutumes nouvelles et en déplorant l'adoption de certains usages qui n'ont rien à voir avec la civilisation, on ne saurait nier que ce soit ce peuple qui ait le plus progressé dans la voie des réformes utiles.

C'est également le point de l'Asie le plus agréable à habiter pour les Européens ; le climat est très-doux, ni chaud, ni froid, ni trop sec, ni trop humide ; presque tous les Japonais bien élevés parlent l'anglais ou le français ; ils aiment les étrangers, les attirent, et sont charmés de leur faire les honneurs du pays.

Pendant les quelques semaines que nous avons passées là, nous avons été l'objet de toutes sortes de prévenances, et, le jour du départ venu, nous avons certainement éprouvé du regret à nous séparer de nos nouveaux amis. Je ne sais ce que l'avenir me réserve ; tout ce que je peux dire, c'est que je serai très-heureux si les circonstances me ramènent dans ce charmant pays.

CHAPITRE VI

C'est une compagnie américaine, appelée le *Pacific Mail*, qui s'est chargée du service direct entre la Chine, le Japon et les États-Unis. Cette traversée est la plus longue que l'on puisse faire sur un bateau à vapeur, car il s'agit de franchir 4,800 milles marins, et les bâtiments sont obligés de modérer leur vitesse faute de pouvoir embarquer une quantité suffisante de charbon de terre.

Le steamer qui nous emportait, le *Great Republic*, ne faisait guère plus de six nœuds à l'heure. La réputation qu'ont les Américains de naviguer avec une vitesse vertigineuse est usurpée; en mer, ce sont des marins prudents, trop prudents peut-être même. Sur les rivières, c'est autre chose, et les grands *ferry boat* qui descendent l'Hudson, le Mississipi et le Saint-Laurent vont comme la foudre, surtout lorsque deux compagnies sont en concurrence sur le même fleuve.

Les bâtiments qui traversent le Pacifique sont
immenses, et leur organisation est toute particulière;
ils sont aménagés à l'usage des émigrants chinois,
dont le nombre dépasse parfois quinze cents. Mais
les enfants du Céleste Empire ont une détestable réputation de piraterie, et comme à plusieurs reprises
ils se sont révoltés à bord, massacrant l'équipage
et les passagers, échouant ensuite le bâtiment sur
une côte quelconque et l'abandonnant après l'avoir
pillé, il fallait éviter le retour de ces désastres et assurer la sécurité de l'équipage des navires destinés
à l'émigration chinoise; aussi a-t-on été amené à
parquer ces passagers dangereux dans l'entre-pont :
il suffit de fermer une grille pour changer leur
dortoir en prison, et, avec l'aide d'un jet de vapeur
bouillante, on peut mater et échauder les révoltés.
Au reste, sur ces bateaux, tout est sacrifié aux Chinois, aussi bien pour assurer la sécurité du navire
contre eux, que pour satisfaire à leurs exigences
qui sont des plus originales. Ainsi, par exemple,
les commissionnaires d'Amoy et de Canton qui se
chargent de l'émigration, et se rendent responsables
des émigrants, exigent qu'il y ait à bord un chirur-
gien capable d'embaumer les cadavres, et une salle
destinée à cet usage. Être jeté à la mer, et, comme
le dit vulgairement le matelot, servir de nourriture
aux poissons, est une idée monstrueuse en Chine,
et même, pressé par la misère la plus affreuse, une

pareille hypothèse suffirait pour empêcher l'embarquement du dernier cooli.

Les Chinois à bord de ces steamers n'ont aucune relation avec les autres parties du bâtiment, et, par surcroît de précaution, on n'en laisse monter qu'un certain nombre à la fois sur la partie du pont qui leur est réservée. Chacun d'eux possède, dans l'entre-pont, une couchette avec une petite boîte fermant à clef pour mettre ses effets. C'est une infection, et surtout en mer, où les mauvaises odeurs impressionnent davantage, c'est un véritable supplice de pénétrer dans ce dortoir. Au milieu s'élève une sorte de cage en tôle, réservée aux fumeurs d'opium ; c'est le dernier mot de la dégradation.

Quoique l'émigration en Amérique soit libre, c'est-à-dire que les lois du pays refusent de reconnaître les engagements préalables pris par les Chinois, dans la pratique, cependant, les émigrants viennent au compte d'une compagnie qui non-seulement paye leur passage, mais leur fait quelques avances, pour les décider à s'embarquer.

Cet argent, neuf fois sur dix, est employé à acheter de l'opium, le Chinois donnant comme prétexte pour se livrer à cette funeste passion, que c'est le seul moyen d'empêcher le mal de mer.

Presque chaque jour nous traversions cette partie du bâtiment, et c'était toujours les mêmes individus que nous voyions étendus dans cet enfer. Les

Américains poussent l'amour du gain jusqu'au cynisme, et, comme la vente de l'opium à bord offre de gros bénéfices, on en fournit aux Chinois tant qu'ils en veulent pour leur argent. La police était d'ailleurs si bien faite sur le bâtiment qu'on aurait pu ignorer l'existence des huit cents Chinois que nous portions. Parmi les passagers européens se trouvaient plusieurs familles qui, j'en suis sûr, auraient été fort étonnées d'apprendre le nombre des émigrants embarqués, et qui ne s'en sont jamais doutées.

Ces paquebots sont des mieux installés au point de vue des cabines ; elles sont larges, spacieuses, bien aérées, et ce sont de véritables lits dans lesquels on dort. Mais les Américains sont très-exclusifs sous le rapport des usages, et ont la prétention de conserver à bord des bâtiments de commerce la discipline des bâtiments de guerre, ce qui n'est pas très-agréable pour les passagers ; car, en somme, pour être confortable, un paquebot doit le plus possible ressembler à un hôtel flottant.

La nourriture est surtout mauvaise chez les Américains, et l'on ne peut se figurer la masse de sucreries qu'engloutit chaque jour un citoyen des États-Unis. Notre traversée fut un long martyre, tant à cause de la mauvaise qualité de la table que par le manque absolu de service. Nous étions déjà en Amérique à bord du *Great Republic,* et nous devions faire l'apprentissage de ce pays ultra-démocratique. Nettoyer les souliers est une occupation contraire à la dignité de l'homme ; c'est une vérité dont nous ignorions l'existence avant de mettre le pied aux États-Unis ; vérité qui nous a coûté bien des ennuis.

Les Chinois eux-mêmes, qui sont des domestiques sans préjugés partout ailleurs, ont pris en Californie le ton général, et quand on leur demande de cirer les bottes, ils sont tout étonnés et répondent : *Me no wanchee*.

Un autre ennui des bâtiments américains, c'est le protestantisme officiel ; on pourrait croire que dans ce pays où la liberté de conscience est si grande que les temples des différentes religions s'élèvent les uns à côté des autres, on devrait vivre à l'abri du rigorisme protestant.

Il n'en est rien, et, même à bord, il fallait subir la tyrannie de ce joug, l'un des plus durs qui puissent exister. Ainsi, par exemple, il nous était interdit, par ordre, de jouer au whist le dimanche, et même aux palets, exercice indispensable à notre santé. En revanche, un clergyman lisait l'office, et, sans nous forcer d'y assister, le capitaine ne manquait pas cependant de nous faire observer que notre absence était une cause de scandale, et qu'il vaudrait mieux, puisque nous ne voulions pas écouter cet office, ne pas nous montrer sur le pont à l'heure où on le lisait. Je crois même, si le hasard n'avait pas réuni dans cette traversée un nombre aussi grand de catholiques, que le conseil se fût changé en ordre.

Il existe aussi sur ces paquebots un usage intolérable. Le commandant se croit chez lui et en droit de faire les honneurs de la table; de telle sorte qu'il place les passagers non suivant leur goût, mais suivant la hiérarchie sociale.

Or, en Amérique, le célibat inspire une réprobation générale, et un homme marié prend toujours le pas sur un *bachelor*. Il résulta de cette manière de faire que les Français, qui auraient voulu être ensemble, se trouvaient disséminés aux quatre coins de la salle, et que les Irlandais catholiques étaient intercalés au milieu de ministres protestants. C'était un mécontentement général; mais qu'y faire? Somme toute, ces vingt-six jours furent d'un ennui mortel, et nous traversâmes cette immense solitude de l'Océan sans rencontrer âme qui vive.

Nos seules distractions furent l'apparition d'un banc de baleines; elles étaient au moins cinquante, affamées, et suivant le sillage du navire pour récolter les résidus de notre cuisine. Elles venaient parfois si près de nous que l'on pouvait distinguer les moindres détails de leurs huileuses personnes.

Nous avions aussi pour compagnons une bande de goëlands qui ne nous a pas quittés pendant tout le voyage. Ils planaient autour du navire, et, sitôt qu'on jetait quelque chose à la mer, ils fondaient dessus avec la rapidité de l'éclair. Il faut croire que les oiseaux sont doués d'une force de résistance extraordinaire ; car où et quand se reposaient-ils ?

Nous avons eu aussi la distraction du passage du 180ᵉ degré de longitude, et nous sommes du nombre assez restreint d'hommes qui ont vu la semaine des deux vendredis. Chaque jour, à midi, on faisait une loterie entre les passagers sur le nombre de milles parcourus, et c'était toujours celui qui avait le plus faible numéro qui gagnait. Comme nous allions lentement !

Cependant, malgré notre allure de tortue, nous avancions peu à peu, et nous finîmes par voir notre solitude se peupler de quelques voiles à l'horizon ; le ciel devint moins clair, et les brouillards nous annoncèrent l'approche de la côte ; mais nous ne voyions encore aucune terre, et ce fut seulement le vingt-septième jour au matin que nous entrâmes dans le port de San Francisco. Ce port est l'un des plus vastes du monde et mérite bien la réputation dont il jouit ; il est parfaitement sûr et fermé comme un bassin.

Nous avions tellement hâte de quitter le bateau que, dès la veille, nous avions fait tous nos préparatifs afin de pouvoir débarquer au plus vite ; mais l'Amérique n'est pas le pays des simplifications quoi qu'on en dise, et les formalités à remplir soit vis-à-vis de la santé, soit vis-à-vis de la douane, prirent autant de temps que partout ailleurs, avec cette différence seulement que, au lieu de trouver, comme dans tous les autres pays, des employés polis avec lesquels il est facile de s'entendre dès qu'on les traite en gens bien élevés, nous avions affaire à des individus qui croient que la meilleure manière d'affirmer leur liberté, c'est d'opprimer les autres et d'être grossiers.

Cependant on nous avait tant raconté d'anecdotes sur la mauvaise éducation des fonctionnaires subalternes aux États-Unis, que nous étions préparés à celle que nous eûmes à subir. Dans toutes les douanes que j'avais vues jusqu'alors, les malles étaient placées sur d'énormes tables, et les employés du chemin de fer ou du bateau à vapeur les emportaient une fois visitées jusqu'à l'omnibus qui attend dehors. En Amérique, ces tables n'existent pas ; les bagages sont jetés pêle-mêle par terre, et on ne trouve personne pour vous aider à les retrouver et à remplir les formalités exigées.

Il faut donc les chercher soi-même, les ouvrir, sans craindre de se salir les doigts, et les charger sur ses épaules jusqu'à la voiture. Tel fut notre début dans la libre Amérique.

Toutefois les Américains, tout démocrates qu'ils

soient, ont de grands égards pour ceux qu'ils croient être dans une situation différente ; le commandant du *Great Republic* avait fait hisser au haut du grand mât le pavillon français avant d'entrer à San Francisco ; ce qui fit qu'on lui demanda en arrivant quel était le voyageur de distinction qu'il amenait. Comme mon nom a quelque ressemblance avec celui de Rochambeau, et qu'étant en pleine période centenaire, le nom de ce général français avait été prononcé plusieurs fois, on trouva tout simple d'annoncer dans les journaux l'arrivée du descendant du *gallant general,* qui venait visiter l'Exposition de Philadelphie. Cette confusion dura tout le temps de notre voyage et amena les coq-à-l'âne les plus drôles. Je suis convaincu que pas un des journalistes qui répétaient cette bourde n'en était la dupe ; mais on la répétait parce qu'elle remplissait quelques lignes du journal à court de copie.

San Francisco, comme toutes les villes américaines, contient un certain nombre d'hôtels de premier ordre ; car ce sont non-seulement les Américains en voyage qui fréquentent ces établissements, mais aussi des familles de la ville qui préfèrent s'épargner l'ennui d'avoir une maison. Je comprends cette résolution, vu la difficulté que l'on a en Amérique à trouver des individus qui consentent, même avec des gages exorbitants, à adopter la profession de domestiques.

Nous descendons au Palace qui passe pour un des
plus beaux hôtels de l'Amérique; ces grands établissements sont réellement bien étonnants. Prenons, pour exemple, celui de San Francisco : c'est
un énorme quadrilatère, bâti sur ses quatre faces
et renfermant une cour intérieure vitrée comme
celle du *Grand-Hôtel* à Paris, ce qu'on nous fait, du
reste remarquer avec orgueil avant de nous conduire à nos chambres. Le rez-de-chaussée est occupé
par un énorme *hall* dans lequel est installé le
bureau de l'hôtel, et aussi celui des différents chemins de fer qui desservent la ville. On y trouve en
plus un débit de tabac et un marchand de journaux; tout autour de la pièce sont rangés d'é-
normes fauteuils, et cet endroit sert de salle de
réunion non-seulement aux voyageurs, mais à tous
ceux qui vivent d'eux.

A côté est le *bar*, endroit spécialement réservé
aux buveurs: l'Américain boit rarement en mangeant,
ou, s'il le fait, il ne consomme que de l'eau ou du
lait à la glace. En revanche, il passe dans cinq ou
six *bar* différents chaque jour, pour y boire cette
horrible mixture qu'on appelle des *coq-tails*, composée de glace, de gin, de bitter et d'eau de Seltz.
Quand on entre dans un de ces *bar*, il est rare,
surtout quand on est étranger, qu'on ne vous offre
pas une boisson; refuser serait une impertinence;
il faut donc accepter, quitte à rendre immédiatement

Palace Hotel (San Francisco).

la politesse. A côté de ce *bar* se trouve le coiffeur ;
c'est une passion chez l'Américain de se faire raser
et laver la tête avec une préparation qu'il appelle
shampoo, et il n'y a guère de personnes qui se
refusent chaque jour ce plaisir : aussi l'état de
perruquier est-il un des plus prospères aux États-
Unis.

Le reste du rez-de-chaussée est occupé par les
salles à manger et les cuisines. Le déjeuner dure de
huit heures à onze heures ; l'après-midi, le *tiffin* de
midi à quatre heures, et, le soir, le dîner de cinq à
sept. Ces trois repas sont aussi mauvais que copieux,
et, d'un bout à l'autre de l'Amérique, se ressemblent.
Quand on veut sortir de ce menu, et manger autre
chose que des purées, du poisson frit et des biftecks
avec un œuf sur le plat, il faut commander spécialement son dîner et dépenser beaucoup d'argent.

Les différents étages sont occupés par les chambres, et les prix varient suivant l'élévation ; en général, chaque voyageur a à sa disposition une bonne
chambre à coucher avec deux cabinets attenants, l'un
servant de salle de bains, l'autre... Toutes les chambres sont éclairées au gaz, de même que les grands
corridors qui y donnent accès ; chaque cabinet de toilette contient deux robinets, l'un pour l'eau froide,
l'autre pour l'eau chaude, ce qui permet au voyageur
de prendre son bain à l'heure qui lui convient ; l'élévation de l'appartement importe peu ; tous les hôtels

sont munis d'ascenseurs, et dans beaucoup d'entre
eux même il n'existe pas d'escaliers.

Lorsque l'on débarque dans un hôtel en Amérique, un
coup de cloche annonce votre arrivée; les nègres, qui
sont censés faire le service, forment la haie, et l'on
vous conduit jusqu'au bureau où trône le *manager*.
Si vous avez une lettre d'introduction pour lui, c'est
le moment de la montrer; si vous n'en avez pas et
que vous soyez deux, il y a encore moyen de vous
tirer d'affaire, c'est de présenter votre compagnon :
Cher monsieur, dites-vous à l'aubergiste, j'ai bien
l'honneur de vous présenter M. Durand, l'un de
mes meilleurs amis, et j'espère que vous voudrez
bien le traiter comme tel. Là-dessus, l'aubergiste
vous tend sa grosse main, et, après un formidable
shake-hand, il sonne et désigne vos augustes personnes à un nègre en lui jetant une clef numérotée.

On m'avait bien dit que cette méthode était obligatoire, mais j'avoue que j'hésitais un peu, tant je
trouvais la chose ridicule; cependant, voyant les voyageurs qui nous précédaient agir de la sorte, nous nous
décidâmes, et ce fut moi, comme le plus qualifié, que
l'on présenta. Tout se passa dans les règles, et l'on
nous donna au troisième étage les quatre chambres
que nous demandions.

En Europe, les domestiques d'hôtel sont remplis
d'attentions pour les voyageurs, et l'espoir d'un *pour-
boire* les rend très-complaisants, de telle sorte que,

sans être aussi bien servi que par ses propres domestiques, on n'est pas cependant obligé d'ouvrir soi-même ses malles ni de brosser ses habits. En Amérique, il n'en est pas de même ; les blancs trouvent la domesticité au-dessous de leur dignité, et les noirs, depuis la guerre de sécession, partagent cette opinion. Vous ne pouvez donc compter sur aucun service personnel ; votre lit et votre chambre sont faits par une négresse que vous ne voyez pas, et un autre noir, décoré du nom de gardien, se tient à chaque étage ; il est censé devoir répondre à votre coup de sonnette, mais ne se dérange jamais quand on l'appelle. Cette absence complète de domestiques est une des plus grandes souffrances pour tous ceux qui voyagent dans ce pays. Mais il faut s'y soumettre, et, à peine arrivés dans nos chambres, nous sommes obligés de défaire nous-mêmes nos malles et de compter notre linge sale. Nous sonnons pour faire brosser nos habits et nos souliers sans pouvoir l'obtenir. Après un premier mouvement d'impatience, nous prenons gaiement notre parti de la situation, et c'est avec un éclat de rire homérique que nous accueillons la réponse faite à l'un de nous par l'aubergiste. — J'ai sonné trois fois, monsieur, pour demander au nègre de vouloir bien nettoyer les chaussures contenues dans ma malle, sans obtenir aucun résultat. — C'est probablement, monsieur, répondit l'aubergiste, que le gentleman qui a charge des bottes a dormi un peu plus tard que d'habitude ; mais devant la porte vous trouverez des gentlemen qui vous rendront volontiers ce service. Cette conversation en dit plus long qu'un volume sur les mœurs de l'Amérique.

Les Américains ont adopté un excellent système pour se mettre à l'abri de cette tyrannie : ils n'emportent jamais que deux chemises, l'une sur eux, l'autre dans leur sac de nuit ; au fur et à mesure de leurs besoins, ils jettent celle qui est sale et en achètent une autre. Quant aux chaussures, ils portent tous des brodequins en cuir verni, et il suffit de passer un linge mouillé pour leur rendre leur lustre. Enfin ils s'enveloppent d'un énorme paletot en toile grise qui s'appelle *duster* (qui prend la poussière), dont ils se dépouillent dès qu'ils entrent en ville.

San Francisco est une ville des plus singulières, mélange de palais à sept ou huit étages et de baraques en planches ; les rues sont de véritables cloaques ; quelques-unes d'entre elles sont pavées en bois ; les autres sont tout simplement garnies d'un lit de poussière. Le mouvement des voitures est vraiment surprenant, et peu de villes offrent une circulation aussi difficile ; car non-seulement les rues sont sillonnées de tramways si nombreux qu'ils forment une sorte de procession ininterrompue du lever au coucher du soleil ; mais encore on est arrêté à chaque pas par des embarras de toutes sortes. La plus grande partie des petites maisons de San Francisco sont construites en bois et simplement posées sur le sol; lorsque le propriétaire de ces cottages s'ennuie d'habiter un quartier, il pose sa maison sur un treuil auquel il attelle dix ou douze paires de chevaux, et la transporte dans un autre quartier. Naturellement le trajet se fait lentement et interrompt complétement la circulation; mais pour le passant c'est un étrange spectacle que celui de ces maisons en voyage avec leurs habitants.

Cependant nous nous décidons à visiter les différentes curiosités de la ville; je ne parlerai pas des monuments, qui ne sont remarquables que par le mauvais goût de l'architecture, et d'ailleurs, dans un pays aussi neuf que celui-là, les hommes sont plus intéressants que les choses.

A San Francisco, les fortunes s'élèvent avec une rapidité qui n'a d'égale que la facilité avec laquelle elles s'engloutissent. Tel individu, qui aujourd'hui n'a rien, fait une spéculation sur des terrains qui le rend millionnaire, et retombe, quelques jours plus tard, dans la misère, par suite d'une fausse opération sur les grains ou sur les peaux. Les banques, qui sont les plus gros établissements du pays, ruissellent d'or, et il faut y faire queue pour la moindre affaire. La monnaie du pays est une pièce de vingt dollars à peu près grosse comme nos pièces de cinq francs, et l'argent et le papier perdent environ vingt pour cent de leur valeur nomi-

nale ; cet agio est la principale occupation des spéculateurs. Pour expliquer la situation, je vais
donner un exemple : En quittant Shang-haï, je pris
avec moi des dollars mexicains, qui sont la monnaie
de Chine, et une lettre de crédit en livres sterling.
Lorsque j'arrivai à San Francisco, les dollars qui
me restaient perdirent vingt pour cent, tandis que
ma lettre de crédit me fut comptée, sans perte aucune, en pièces de vingt dollars. Pendant tout le
temps de mon séjour en Californie, je fus obligé de
dépenser cet or au pair ; mais dès que j'arrivai
dans un autre État, j'échangeai les pièces d'or contre
des *green back,* avec dix-huit pourcent de bénéfice,
et, en quittant New-York, je revendis ces billets de
banque contre une lettre de crédit en francs,
payable à Paris avec un agio de six pour cent. Si
j'avais exigé une lettre de change en napoléons ou
en livres sterling, j'aurais reperdu les dix-huit pour
cent que j'avais gagnés en quittant San Francisco.
Si je me suis arrêté quelques instants sur cette opération de change, c'est pour faire comprendre comment, avec de pareilles différences, peuvent se faire
et se défaire les fortunes, surtout quand on opère
sur de gros chiffres.

San Francisco possède différentes choses curieuses à visiter : l'une d'elles est *Cliff-house,* le
restaurant situé à quelques milles de la ville, sur
les bords de l'océan Pacifique, juste en face du ro-

cher où viennent s'ébattre des milliers de phoques, appelés aussi lions de mer, dont on voit quelques individus au Jardin d'acclimatation. Ces animaux sont en quelque sorte légendaires, et celui qui s'amuserait à les chasser se ferait une mauvaise affaire avec la population. Ce restaurant dont je parle est fréquenté surtout par les gens qui viennent voir les phoques, et ne désemplit pas. Le garçon de l'établissement fait l'historique de ces bêtes, dont les plus grosses ont des surnoms; je me rappelle avoir vu le général Grant, Bottler et Shermann.

Les Américains adorent aussi les huîtres, et c'est pour eux une véritable partie fine de venir en manger dans cet endroit; il est juste d'ajouter qu'elles sont excellentes et méritent leur réputation. Cependant les Européens, j'entends les Français, éprouveront toujours une certaine difficulté à s'accoutumer à la façon dont les Américains les mangent. On les sépare de la coquille, et on les sert avec une sauce au lait ou au verjus; ce n'est pas agréable à l'œil, et, pour ma part, j'avoue que l'huître sans sa coquille m'inspire une répulsion absolue. Lorsque vous insistez pour avoir vos huîtres non-seulement avec la coquille, mais y attenant, le garçon vous dit, avec un air de protection et en français : A la française, alors!

Pour arriver à cet ermitage, on traverse un grand parc assez bien tenu dans quelques-unes de ses parties, et qui sert de promenade à tous les équipages de la ville. Non loin de là, vous trouverez une ménagerie pleine de grizzelys, autrement dits ours gris, qui partagent la popularité des phoques, car eux aussi sont des animaux exclusivement californiens. L'ours gris, que l'on ne trouve que dans cette contrée, passe pour l'animal le plus féroce de la création, et sa chasse offre des dangers réels, car il joint la ruse à une force extraordinaire, et il n'est pas rare de voir les rôles intervertis, et le chasseur chassé à son tour par la bête.

Tout étranger arrivant à San Francisco avec quelques lettres de recommandation est admirablement reçu, et l'on cherche à lui faire voir tout ce qu'il y a de curieux dans la ville. Comme la visite du quartier chinois n'avait pas pour nous le mérite de la nouveauté, on nous proposa de nous conduire dans les cabarets et les maisons de jeu fréquentés par les mineurs et les matelots. Autant j'étais tranquille au milieu des Chinois, autant j'étais peu rassuré au milieu de ces bandits, la plupart d'extraction mexicaine. La présence d'un detective aurait suffi pour effrayer dix Chinois; mais dix detectives étaient-ils capables d'arrêter un de ces ruffians mexicains? je n'en suis pas sûr. On nous mena dans un cabaret célèbre, *the Hole in the wall* (le Trou dans le mur); je n'ai jamais rien vu qui soit comparable, comme puanteur, à cet endroit. En France, nous ne connaissons guère que l'ivresse du vin; toute dégoûtante qu'elle soit, elle l'est moins que celle provenant des alcools, et surtout des alcools de grain, qui conservent toujours une senteur empyreumatique qui prend à la gorge et donne envie de vomir. L'Américain ne boit jamais que des mélanges, ce qui est encore plus mauvais; la base de tous est le wiskey; le meilleur s'appelle Bourbon wiskey, et vient de la Louisiane. Les autres ingrédients sont le genièvre, le bitter, le tafia et le soda-water, dont on ajoute toujours quelques gouttes. Quand ces boissons, naturellement très-malsaines, sont assez falsifiées pour être à la portée de la bourse des matelots, elles deviennent des plus malfaisantes, et je crois que l'absinthe elle-même n'est pas plus pernicieuse. Ce qui se mange dans ces tavernes est aussi hideux que ce qui s'y boit; quant aux chambres, elles n'existent pas, et les clients de l'établissement s'étendent pêle-mêle sur des espèces de banquettes en paillassons.

Tous les genres de débauche se trouvent réunis dans ces enfers, et le malheureux qui ose y entrer n'en sortira, s'il en sort vivant, que complétement dépouillé. Il n'est pas rare d'y voir pénétrer, avec une somme assez ronde, un mineur qui a découvert un petit trésor, ou un colon venu à San Francisco pour vendre son troupeau. Comme il n'est pas difficile sur le choix des jouissances, pourvu qu'elles soient immédiates, et que l'argent venu par le hasard reste rarement chez son propriétaire, ce mineur ou ce colon arrive dans un de ces taudis, décidé à s'amuser et ne regardant pas au prix. Il s'enivre avec d'ignobles filles, et, quand il est à peu près abruti, on le fait jouer, on le vole, et, s'il se plaint, on le jette à la porte, à moins qu'on ne trouve plus simple de le tuer.

La vie d'un homme ne compte pour rien en Californie, et, d'ailleurs, comment constater sa disparition? Il n'était inscrit sur aucun registre, et personne, pas même son *lodger*, ne savait d'où il venait ni où il allait. Il y a toute une échelle dans ces différents cabarets, et c'est un monde véritable qui sépare le *Poodle dog* (le Barbet) du Trou dans le mur.

Malgré la résistance qu'apportent les Chinois à s'*américaniser*, et quoique ce soit la seule ville des États-Unis où un fait analogue se présente, il faut cependant avouer que la capitale de la Californie est certainement la ville la plus cosmopolite de toute l'Union. Autrefois, cette province appartenait au Mexique, et les mœurs espagnoles y étaient assez répandues; la plupart des villes ont même un nom qui rappelle leur origine, comme San Francisco. La population aime beaucoup le plaisir, et après avoir passé toute la journée dans leurs bureaux, les hommes d'affaires consacrent leur soirée aux distractions de toutes sortes.

C'est la seule ville où l'on rencontre un peu d'animation après le coucher du soleil, et les restaurateurs s'emplissent de clients qui, après un bon dîner, vont achever leur soirée au théâtre. Ainsi, pendant notre séjour, mademoiselle de Belloca chantait à l'Opéra, tandis que mademoiselle Aimée ajoutia *Grande-Duchesse*, et qu'un célèbre acteur de Londres donnait des représentations de Shakespeare. De plus, chose extraordinaire dans ce pays où tout est excessivement cher, le prix des places est abordable.

Une autre curiosité de San Francisco, c'est le marché aux fruits ; je ne crois pas qu'aucune autre contrée puisse en fournir d'aussi beaux et en pareille abondance. Le matin, ce sont de véritables pyramides de melons, de poires et de raisins, et quand toutes les ménagères ont achevé leurs provisions, on ne sait que faire de ce qui reste, et on l'abandonne à qui veut le prendre ; car la dépense pour le garder jusqu'au lendemain serait trop forte.

Tous ces fruits sont apportés par des cultivateurs des environs, qui viennent faire des emplettes plus sérieuses à la ville, et qui en chargent leurs chariots pour ne pas venir à vide. Au reste, la Californie est un véritable pays de cocagne ; malheureusement la population n'est pas assez nombreuse pour

consommer les productions du sol, et les voies de
communication manquent encore pour faciliter
l'exportation. Quantité de grains restent tous les ans
sans emploi, ce qui fait que la vie matérielle est assez bon marché. La vigne est aussi cultivée sur une
grande échelle, et les vins de Californie, sans être
d'ailleurs excellents, sont cependant supérieurs à la
plupart des vins fabriqués qui viennent de l'étranger.
De plus, comme ce vin est relativement peu cher, il
s'en fait une assez grande consommation, qui serait
même plus grande si les aubergistes ne trouvaient
plus d'intérêt à fournir du saint-julien ou du cla-
ret de dix-huitième catégorie de préférence au vin
indigène dont ils ne peuvent exiger qu'un prix restreint, tout le monde sachant que ce vin ne dépasse
jamais un franc ou un franc cinquante la bouteille.
Comme je le dis plus haut, ce qui manque à la Californie, ce sont les voies de communication; les
contrées vinicoles n'étaient en 1876 desservies par
aucune ligne de chemin de fer; par conséquent les
vins n'avaient aucune espèce de débouchés et,
comme les grains, pourrissaient faute de consomma-
teurs.

C'est cette vie matérielle assez bon marché qui
explique la prospérité vraiment étonnante de la
colonie chinoise. Les enfants du Céleste Empire,
Johnee, comme on les appelle en Amérique, n'ont
pas de goûts dispendieux à satisfaire, et du moment

où les objets de première nécessité sont à bas prix, ils peuvent exiger des bénéfices moindres que les Américains. Cent dollars suffiront pour vivre aux premiers, quand il en faudra mille aux autres qui ne peuvent se contenter ni du même logement, ni de la même nourriture, ni des mêmes distractions.

Le Chinois, dépensant moins que l'Européen, lui fait une concurrence désastreuse dans les petits métiers, et l'on peut affirmer qu'ils sont tous, ou qu'ils seront tous, dans un avenir prochain, entre ses mains. Un émigrant irlandais ou allemand veut un salaire journalier de trente-cinq ou quarante francs, et encore ne veut-il travailler qu'un certain nombre d'heures ; le Chinois se contente de quinze francs, et, le cas échéant, consentira, pour une faible gratification, à donner quelques heures de travail en plus.

Dans les premiers temps de l'émigration chinoise, les Américains étaient ravis et n'en voyaient que les avantages, très-sérieux d'ailleurs ; les immenses travaux occasionnés par la construction du chemin de fer qui relie l'Atlantique au Pacifique, ainsi que tous les lavages des mines, ne purent être terminés qu'avec l'aide des Chinois, et l'on raconte que cette construction du chemin de fer dans la Névada et les montagnes Rocheuses a coûté la vie à plus de dix mille d'entre eux, sans que cette mortalité effrayante ait arrêté les travaux un instant.

De même, pour les mines, les premiers venus se sont contentés de prendre l'or facile à extraire; pour eux c'était un jeu, et non un travail régulier. Depuis l'arrivée des Chinois, on a pu organiser l'exploitation de ces mines d'une façon industrielle et commerciale tout à la fois, et au lieu de courir l'aventure et de chercher à découvrir de nouveaux gisements, on s'occupe aujourd'hui à exploiter les anciens et à laver avec soin les terres remuées par les premiers mineurs.

À San Francisco, les Chinois se sont également emparés de la domesticité ; presque tous les particuliers en ont comme valets de chambre, cuisiniers ou palefreniers ; ils coûtent moins cher, sont moins paresseux que les nègres et ont un service beaucoup plus agréable. Cependant, dans les hôtels, on ne les a pas adoptés, si ce n'est dans les emplois infimes ; ainsi j'en ai vu qui étaient occupés à laver la vaisselle et cirer les escaliers.

Mais cet envahissement pacifique de la Californie par ce peuple a vite cessé d'être du goût des Américains. Les Irlandais ont dû renoncer à leurs habitudes d'oisiveté et d'ivrognerie, et travailler pour gagner leur pain, ce qu'ils n'étaient pas habitués à faire auparavant. Or, tous ces Irlandais sont électeurs, et comme par conséquent toutes les fonctions dépendent de leur vote, les magistrats durent céder à la pression de ceux dont ils tenaient leur mandat.

Détruire l'émigration chinoise, tel fut le mot d'ordre. Mais *Johnee* est tenace, et du moment où il avait trouvé l'emploi de ses facultés en Californie, il était difficile de le renvoyer.

Dans les débuts, il subit sans se plaindre les mauvais traitements de la foule; ayant été habitué en Chine à voir les Européens jouir de certains priviléges, il était assez disposé à subir chez eux le même état de choses; mais l'agent d'affaires, qui pullule en Amérique, comprit qu'il y avait là une mine à exploiter des plus productives, et tout d'un coup on vit surgir une quantité de *lawers* chinois qui se chargèrent, pour une faible rémunération, d'apprendre aux enfants du Céleste Empire leurs droits et leurs devoirs vis-à-vis de la loi américaine. Et quand le Chinois eut appris qu'on ne pouvait le battre impunément, ni le dépouiller du fruit de son travail, ni le forcer à adopter tel ou tel genre d'occupation, il sut parfaitement faire valoir ses droits et s'abstenir des choses défendues; jamais on n'en rencontra un seul ivre dans les rues; de plus, avec l'esprit d'association qui le caractérise, il établit à San Francisco et en Californie deux grandes GILDES comme il en existe à Canton et à Amoy. Des quartiers entiers furent bâtis à son usage, et, dans certaines rues, on pourrait se croire en Chine. On prétend qu'il y a environ trente mille Chinois dans la ville; mais nous n'y sommes pas restés assez

longtemps pour contrôler par nous-mêmes ce chiffre ;
quelque énorme qu'il soit, il ne me paraît pas
cependant improbable, surtout si l'on songe qu'il y
a peu de maisons à San Francisco qui n'en aient un
ou deux à leur service.

La question de l'émigration chinoise est devenue
la plus importante de celles qui se discutent dans
le *Far West ;* la restreindre, c'est tuer l'industrie
dans ces provinces et les ruiner complétement ; la
tolérer, c'est fermer ces mêmes provinces à l'élément irlandais et allemand, ces derniers ne pouvant
travailler au même prix que les Chinois. Placée
entre ces deux alternatives, l'opinion des *politiceans*
est assez difficile à démêler. La prospérité matérielle du pays est attachée à la présence des Chinois ;
d'un autre côté, cette agglomération d'hommes
pensant différemment sur la plupart des sujets et
refusant absolument de se laisser *américaniser* est
un danger social pour les États-Unis. Déjà, à plusieurs reprises, des lois de restriction ont été votées
sans amener de grands résultats. On avait pensé que
l'impôt de capitation assez élevé les arrêterait, et,
malgré l'anomalie d'une pareille mesure dans un
pays qui vit d'émigration, on l'avait adopté ; mais le
but ne fut pas atteint ; les Chinois payèrent les droits
qu'on leur demandait et continuèrent à arriver
comme par le passé.

Au moment où je traversais la Californie, il était

même question d'interdire aux femmes chinoises l'entrée de San Francisco ; je ne sais si cette mesure aura été mise à exécution ni quelle conséquence elle a pu avoir.

Pour excuser en quelque sorte l'esprit d'exclusivisme des Américains contre les Chinois, on a cherché à faire passer ces derniers pour des êtres excessivement dangereux et qu'il fallait surveiller de très-près.

Ainsi, par exemple, on ne manque pas de recommander au nouvel arrivé de ne pas se promener la nuit dans les rues qu'ils habitent, sans être accompagné de detectives qui ont soin de vous montrer les bouges les plus infects, témoins des orgies des matelots de toutes les marines. Si l'on borne son enquête aux informations de ces hommes de police, on restera persuadé que les Chinois à San Francisco appartiennent aux derniers échelons de la société, et que les plus élevés d'entre eux ne dépassent pas le rang d'artisan ; il n'en est rien ; il y en a qui sont extrêmement riches, chefs de maisons de commerce très-importantes, et jouissant de la considération de leurs concitoyens. Ce sont eux qui servent de répondants à toute l'émigration chinoise, et sont par cela même des banquiers de premier ordre.

Le Chinois est naturellement démocrate, de sorte qu'il apprécie beaucoup les institutions des États-Unis, et qu'il se plaît dans ce milieu, à la condition toutefois de ne pas être l'objet de lois d'exception.

Il a parfaitement fait sa place dans cette société, et il y vit aussi à son aise que qui que ce soit; mais, et c'est là ce qui le rend odieux aux Américains, il reste Chinois.

Jusqu'à présent, tous les peuples occidentaux qui ont concouru à la formation des États-Unis avaient vite perdu leur nationalité, et il n'est pas rare de rencontrer un Allemand qui, au bout de six mois de séjour, est tellement Américain que c'est l'offenser que de lui parler allemand.

Le Chinois est le premier peuple qui ait été réfractaire; il vient en Amérique, veut jouir de tous les priviléges de la liberté, y compris celui de rester Chinois; il abandonnera les parties de son costume qui le gênent sous ce climat, mais conservera sa queue, et rien ne pourra le décider, même la crainte du supplice, à la faire couper. Il mangera, quand il y sera forcé par la nécessité, toute espèce de nourriture; mais il reprendra la sienne dès qu'il pourra le faire; il apprendra à parler suffisamment l'anglais, pour faire ses affaires; mais, dans sa famille, il parlera et tiendra tous ses comptes dans sa langue maternelle. En un mot, il se soumettra à toutes les nécessités qui lui seront imposées pour jouir du droit d'habiter l'Amérique, mais il restera Chinois au fond et se considérera si bien comme un étranger, que sa préoccupation la plus grande sera de faire rapporter ses cendres en Chine.

C'est là ce qui déplaît à l'Américain, qui, sous les apparences d'un libéralisme exagéré, cache l'exclusivisme le plus absolu. En Amérique, on ne vous demande pas d'où vous venez, mais on veut que vous deveniez Américain et que vous adoptiez non-seulement la langue et les lois, mais encore que vous vous soumettiez sans murmure à tous les usages yankees. Dans ce pays d'extrême liberté, il est impossible, même à l'étranger, de se dérober en quoi que ce soit à ces usages ; les Chinois sont les seuls qui aient persévéré dans leur résistance, et de là cette haine dont ils sont l'objet, malgré les services réels qu'ils ont rendus et qu'ils rendent tous les jours.

L'opinion publique en Amérique suit deux courants parfaitement opposés ; ainsi, pendant que l'un vous dira : « Le Chinois est patient, docile, fidèle et le meilleur domestique que vous puissiez avoir », un autre vous répondra : « Les Chinois! ne m'en parlez pas ; mon domestique a volé, la semaine dernière, mille dollars dans mon tiroir, et maintenant il est en prison. — Mais il est sobre au moins ? — Ne l'avez-vous pas vu, la nuit dernière, fumant l'opium et dans un état d'ivresse complet ? — C'est vrai ; mais, en somme, il est rangé et fait des économies? — Oui, mais pour les envoyer en Chine et les dépenser hors d'Amérique. — Tout ce que vous voudrez, mais il est indispensable. — Sans doute, comme les sangsues. — A la longue, il fera souche d'honnêtes gens. — Je ne crois pas, car sa race est complétement dégradée. »

Je traduis ce dialogue d'un journal humoristique de Californie, et le portrait continue en ces termes : « Johnee sert à table, propre comme un ange ayant un vêtement d'une blancheur éclatante, et lorsqu'on en a essayé, on n'a plus qu'un désir, celui de conserver un pareil maître d'hôtel ou un pareil cuisinier. Si vous prenez des informations auprès de la maîtresse de la maison, elle vous dira qu'elle n'a jamais de discussion, ni bruit, ni dérangement, et que c'est un véritable plaisir de tenir une maison avec un tel domestique. Si c'est un cuisinier, il ne fait aucune objection pour laver ou repasser dans ses moments perdus, ce qui n'empêchera pas sa cuisine d'être tenue avec la plus extrème propreté; et, comme à tous ces avantages Johnee ajoute celui de ne pas faire danser l'anse du panier, vous êtes amené à croire que chaque habitant de San Francisco prend des serviteurs chinois. Il n'en est rien, cependant, et le préjugé contre eux est trop enraciné pour être détruit en quelques jours. Entre autres choses, vous aurez de la répugnance à leur confier des enfants, de peur qu'ils ne leur apprennent de vilains mots, et si, après avoir bien dîné chez un de vos amis servi par des Chinois, vous vous rendez Jackson street, quartier qu'ils habitent, accompagné du constable *Woodruff,* il vous mènera dans des endroits si pauvres, si sales, si horribles, maisons de jeu ou cabarets d'opium, que personne ne pourra vous persuader que les hommes que vous voyez sont de la même nation que les domestiques que vous venez de quitter. Cependant, au milieu de tout ce désordre, vous reconnaîtrez que le Chinois garde toujours un certain décorum. Si grande que soit la foule, elle n'est jamais bruyante, et si, par hasard, vous coudoyez l'un d'eux, il ne vous fera aucune observation impertinente. Une nuit que je me promenais dans ce quartier, je n'étais troublé dans ma flânerie que par les instances des restaurateurs en plein air, qui vendaient une sorte de soupe d'une odeur désagréable. J'entrai dans une maison de jeu, et je vis Johnee, assis devant un tapis vert avec le même air blasé, perdre avec la même insouciance des rouleaux de petites monnaies et des paquets de bank-notes : le policeman me dit qu'il avait vu, quelques jours auparavant, un homme d'apparence pauvre perdre douze cents dollars en quelques minutes.» Et le journaliste américain termine par cette observation : « Il n'y a aucune différence dans le quartier chinois entre le samedi et le dimanche ; les boutiques sont toutes ouvertes, et les comptables font marcher leur abacus, comme si c'était un autre jour ; les boutiques de tabac sont remplies de femmes roulant des cigares, et les restaurants sont pleins. »

Ainsi, ce qui frappait ce journaliste américain, c'était moins le spectacle de vices réels que la violation de l'usage protestant de sanctifier d'une manière exclusive le dimanche.

J'ai cru devoir donner la traduction complète de cet article parce qu'il indique bien les préoccupations qui existent à San Francisco. Il ne s'agit pas de savoir si les Chinois sont bons ou mauvais, mais seulement de s'enquérir s'ils pourront s'habituer aux mœurs américaines, ou si, restant isolés, ils ne seront pas un danger permanent pour l'unité des États-Unis.

Un Américain avec lequel je causais me dit : « Il en est des Chinois comme des autres nations ; on trouve parmi eux tous les vices et toutes les vertus. Jusqu'à présent ils n'ont pu s'habituer à la vie américaine ; cependant ils sont venus à San Francisco avec l'idée de s'y établir, et c'est l'affaire de nos hommes d'État de chercher comment les assimiler, puisque nous ne pouvons les renvoyer, ou comment nous en débarrasser s'ils sont décidément réfractaires à notre civilisation. »

Comme constructeurs de chemins de fer, les Chinois sont assez curieux à étudier. Les ateliers sont mixtes, c'est-à-dire qu'ils contiennent à peu près un travailleur blanc sur dix chinois. L'opinion des ingénieurs américains est que ce sont les meilleurs ouvriers terrassiers que l'on puisse trouver. On les emploie à toutes sortes de travaux, et en général ils accomplissent vite leur tâche; ils ne boivent pas, ne sont pas querelleurs; leur seul défaut est le jeu, et il faut les empêcher de s'y livrer, même par la force. Ils reçoivent trente-huit dollars par mois pour vingt-six journées de travail; leur nourriture et leur logement sont à leurs frais; la Compagnie paye seulement les gages des gargotiers qui les nourrissent. Ils travaillent en bande de douze; ils mangent ensemble et élisent un président qui reçoit leurs salaires et donne à chacun ce qui lui revient après avoir payé la dépense commune. Ils sont, sauf les occasions où ils mettent leurs habits des dimanches, très-pauvrement vêtus, et passent pour avares. Leurs habitations semblent toujours médiocres aux yeux des Américains, et laissent croire qu'ils vivent d'une façon sordide. Il n'en est rien, et l'on est tout étonné de voir qu'ils se nourrissent plus convenablement que les ouvriers blancs.

Les Chinois achètent leurs provisions dans des boutiques installées dans des wagons qui les suivent jusqu'aux chantiers. Voici les principaux articles contenus dans ces boutiques : poissons et huitres salés, riz, pousses de bambous séchées, choux salés, sucre chinois, quatre espèces de fruits secs, cinq de légumes fermentés, du vermicelle, des herbes marines séchées, du lard et du mouton salés, des

champignons, du thé, du millet et de l'huile de
sésame, sans compter la viande fraîche et la volaille.
Dans ces boutiques, ils trouvent aussi des pipes, du
tabac, de la batterie de cuisine, de la vaisselle, du
papier pour les sacrifices et des vêtements chinois
tout faits.

Le contre-maître européen pense que le Chinois
peut mettre treize dollars de côté chaque mois, et,
lorsqu'il ne joue pas, se retirer après peu de temps
de la condition de manouvrier. Il est assez curieux
d'observer qu'il n'a pas encore envahi les administrations américaines, et que si l'on a eu recours à son
bras pour faire les chemins de fer, il n'a pu encore
se placer comme employé dans les compagnies qui
les exploitent. On ne le voit pas non plus parmi les
cochers de fiacre ou les conducteurs d'omnibus. En
somme, il travaille la terre ou se fait domestique ;
dès qu'il a acquis un petit capital, il devient marchand.

Nous nous sommes étendus un peu longuement
sur les Chinois établis en Californie, parce que c'est
la question qui préoccupe le plus les États-Unis aujourd'hui. Peu à peu l'émigration chinoise gagne;
confinée d'abord dans San Francisco et dans ses
environs immédiats, elle s'est étendue peu à peu
tout le long du chemin de fer. A Omaha, ils forment encore une colonie importante qui commence
à peine à Chicago ; quant à New-York, le Chinois

n'y est encore qu'à l'état individuel. Il est curieux de savoir si, à l'avenir, cette émigration marchera avec la même rapidité, ou si elle s'arrêtera devant le mauvais vouloir des Américains. Si jamais les Chinois prenaient le dessus, nous assisterions à un spectacle bien étrange, celui d'un mélange en grand de la race blanche et de la race jaune. J'espère que les Américains seront assez orgueilleux pour s'arrêter sur cette pente funeste avant d'arriver à cette dégradation ; car, pour moi, après avoir parcouru le monde dans tous les sens, j'ai non-seulement la foi la plus absolue dans la supériorité de la race blanche, mais encore je suis convaincu que toutes les fois qu'une société arienne s'est mélangée avec la race jaune ou nègre, il s'en est suivi presque immédiatement non-seulement la ruine et la décadence de cette société, mais une crise dans l'humanité tout entière. Il suffit de connaître un peu l'antiquité pour se convaincre de ce fait. Le propre des races inférieures, c'est le sensualisme et le matérialisme, et c'est par là également que périssent les civilisations.

On ne peut pas dire que les Américains soient un peuple aimable ni agréable à fréquenter ; on pourrait même dire qu'il est tout spécialement antipathique ; mais on ne saurait contester le grandiose de cette société. La guerre de sécession a été une guerre de géants, et de part et d'autre on a fait preuve d'une énergie sans égale. Supposez pour un instant l'Américain renonçant aux idées qui ont fait sa force, et se laissant aller avec les Chinois; la race produite par ce mélange aura perdu tout ce qui fait la grandeur des États-Unis, tandis qu'au contraire, tous les vices seront augmentés.

Ainsi, par exemple, il n'entre pas dans les idées de la race jaune que le courage militaire soit indispensable à une nation; le mot honneur n'a pas d'équivalent dans sa langue, et son esprit se refuse entièrement à toute conception philosophique ou poétique. Chez l'homme jaune, la poésie se borne à quelques petits vers dignes des confiseurs, ou à quelques couplets que l'on chante après boire. Mais, en revanche, il a la bosse utilitaire très-développée. C'est un marchand, et non un industriel. Il est démocrate par nature, et plutôt parce qu'il ne comprend pas la nécessité des classes supérieures, que par goût du socialisme.

Il est évident que l'avenir de l'humanité est en Amérique, et que c'est là que se réfugiera la civilisation lorsque les États d'Occident auront cessé d'exister. Quelle sera la formule qu'adoptera alors l'humanité? Il est impossible de le dire; mais ce qu'il y a de certain, c'est que la société, dans sa forme actuelle, est moribonde. On peut reculer plus ou moins le moment de sa chute, mais rien ne peut la galvaniser ni lui permettre de parcourir de nouvelles étapes. Personne ne croit plus à la solidité de l'édifice, et les différentes classes de la société sont séparées par de telles haines qu'il est devenu impossible de les faire vivre côte à côte.

Aussi l'humanité en est-elle arrivée à une de ces périodes fatales où il ne s'agit plus de réformes, mais de transformations radicales ; et ce qui caractérise cette crise et lui donne son originalité, c'est qu'il est impossible encore aujourd'hui de deviner ce que les réformateurs veulent mettre à sa place.

Tout le monde est d'accord sur la destruction, mais personne n'a de système pour la reconstruction.

La machine est détraquée et doit nécessairement périr ; c'est tout ce que l'on peut dire.

Or l'Amérique est, parmi les sociétés actuellement existantes, celle où la destruction de l'état actuel des choses est le plus avancée ; c'est là que la démocratie est le plus ancrée dans les mœurs ; c'est là également qu'il y a le plus de place et que l'on peut le mieux essayer des nouveautés sans mettre en péril la vie des voisins.

Il est clair que la vapeur, l'électricité et les sciences exactes n'ont pas dit leur dernier mot, et que d'un jour à l'autre la découverte d'une des lois qui gouvernent la nature permettra ce qui est impossible aujourd'hui. Nous en savons trop ou trop peu, et nous sommes dans le cas des empiriques qui connaissent bien les propriétés de certaines plantes, mais ignorent pourquoi elles ont cette propriété.

Parce que l'on prévoit un malheur, ce n'est pas une raison pour aimer ses signes précurseurs; aussi n'est-il pas étonnant que les États-Unis nous soient antipathiques, et que, de tout temps, signalant les probabilités de leur suprématie future, nous n'ayons aucune espèce d'envie de voir ce mouvement s'accélérer; c'est déjà assez triste d'être convaincu de son succès sans encore le précipiter.

Lorsque la société antique s'est écroulée, on voyait parfaitement ce qui allait la remplacer; mais aujourd'hui que mettre à la place du christianisme, et à quelle confession philosophique le monde appartiendra-t-il? A partir du quatrième siècle, le christianisme était le maître de toutes les consciences, et les barbares, les chefs incontestés de l'humanité; il n'y avait donc pas d'illusions à se faire, et, pour ma part, j'ai toujours été étonné de l'histoire de Julien l'Apostat; je n'ai jamais compris comment des hommes sérieux avaient pu le suivre dans son essai de restauration grotesque; car son entreprise ne pouvait avoir d'autre résultat que de coûter la vie à des milliers d'imbéciles.

Les choses, à notre époque, ne sont pas de même, et si la religion est attaquée d'une manière assez violente pour inquiéter ceux qui y croient, les démolisseurs n'ont cependant rien à mettre à la place, et c'est là ce qui constitue le plus grand danger ; car une société ne peut vivre sans croire à quelque chose. Il faut bien consoler ceux qui souffrent et leur faire espérer des jours meilleurs, sans quoi ils se révolteront contre une société qui les condamne à la misère et ne leur apprend pas qu'il y a une justice supérieure à la sienne, et que, si elle est obligée de supporter la présence de certains vices, ils trouveront plus tard un juge équitable.

- Mais c'est trop longtemps nous arrêter à ces pensées qui reviennent sans cesse à l'esprit et qui trouveront leur place dans un livre plus étendu. Revenons donc à la nature de ces pays nouveaux que nous parcourons et dont l'étude offre tant d'attraits.

Le climat de la Californie est superbe ; cependant, à San Francisco, le vent est parfois gênant, tant il souffle avec violence ; il amène de brusques changements dans la température et une poussière à peu près intolérable, tandis que dans l'intérieur des terres, on est à l'abri et l'on jouit d'une température exceptionnelle, si exceptionnelle même, que les médecins américains commencent à envoyer leurs malades passer l'hiver à San Joaquin et à Los Angeles.

Il entrait dans notre programme de visiter la forêt où se trouvent les wellingtonias, si célèbres par leur grosseur, puis les cascades et les paysages du Yo Semite valley. Il est difficile, en effet, de traverser la Californie sans consacrer quelques jours à cette excursion.

C'était dans la seconde quinzaine d'août; les fortes chaleurs étaient passées; mais cependant la température était encore assez élevée pour ne pas éprouver de désagrément à la vie en plein air: c'était donc la meilleure saison de l'année. En quittant San Francisco, le chemin de fer nous conduit à une station appelée Merced, où nous devions trouver des voitures pour faire le reste du trajet. Notre *party* était composé de quatre Français, deux négociants anglais de Shang-haï, et d'un jeune ménage américain de Boston, qui faisait son voyage de noces.

On nous avait promis de nous donner une voiture spéciale qui nous mènerait et nous ramènerait dans un nombre de jours déterminé.

En arrivant à Merced, nous nous aperçûmes qu'on nous avait trompés et qu'on nous avait simplement retenu huit places dans la voiture publique qui en contenait douze.

Il faut toujours se méfier, en Amérique, de ce genre de mésaventure, et il n'y a pas de pays au monde où l'étranger soit exploité avec une pareille impudence. Tout se fait par intermédiaire, et lorsque quelque chose cloche, on en jette toujours la faute sur le commissionnaire absent; les Américains savent parfaitement qu'une fois embarqué, le voyageur ne s'arrêtera pas pour une petite contrariété, et qu'il finira par subir ce qu'il n'eût pas accepté s'il avait été prévenu par avance.

Aussitôt arrivés à Merced, nous demandâmes à souper; on nous répondit alors qu'il était trop tard; qu'après huit heures, le gentleman qui était à la tête des cuisines était retiré dans sa chambre. Nous essayâmes en vain d'apitoyer le gérant de l'hôtel; il fallut nous coucher avec la simple promesse que, le lendemain, de bonne heure, on nous donnerait du café au lait. Les chambres étaient sales et détestables, et de plus infestées de moustiques, de telle sorte que la nuit fut un long martyre; aussi tout le monde était-il prêt avant le jour, sauf le cuisinier, qui sans doute avait un bon moustiquaire à son lit, et qui nous fit attendre plus de deux heures le café au lait que nous réclamions depuis la veille.

Au demeurant, ces plaintes n'eurent qu'un résultat, celui de faire enfler la note de l'aubergiste; le jeune ménage américain, qui n'avait cessé depuis notre départ de parler du plaisir qui nous attendait dans cette excursion, et de nous vanter le confortable des hôtels et la complaisance des hôteliers, était tellement irrité de la réception qu'on nous fit à l'auberge de Merced, qu'il commit l'imprudence de dire que c'était une honte pour l'Amérique de

traiter aussi mal des étrangers de notre sorte. L'hô-
telier recueillit ce propos, se garda bien de réveiller
son cuisinier, mais fit une note digne d'étrangers
aussi distingués.

Notre mauvaise humeur ne diminua pas quand
on nous eut empilés douze dans un *stage* où nous
croyions avoir le droit de n'être que huit; pour
couper court à nos plaintes, le postillon lança ses
six chevaux au galop, et nous voilà partis à travers
champs. C'était une course folle ; il n'y avait pas apparence de chemin, et nous traversions, pour ainsi
dire, à vol d'oiseau, une immense plaine, sans nous
inquiéter des ravins ni des rochers. Les cahots
étaient tels qu'un de nous fit la remarque qu'il
était heureux que nous fussions si serrés, sans quoi
nous eussions été jetés hors de la voiture.

Notre cocher était un grand nègre de près de six
pieds, répondant au nom de James ; je n'ai jamais
vu personne conduire avec plus d'habileté ; ses chevaux étaient superbes, à peine dociles, et cependant,
malgré l'allure extraordinaire qu'il leur donnait, il
était aussi sûr d'eux que s'il eût mené au pas des
chevaux parfaitement dressés.

La plaine que nous traversions était fort belle ;
peu d'habitations, presque pas d'arbres, mais d'immenses cultures de blé et de grandes prairies artifi-
cielles habitées par des troupeaux de chevaux, de
bœufs et de moutons.

Si nous avions eu plus de temps devant nous, nous nous serions arrêtés au premier relais et nous serions restés plusieurs jours à chasser; car, à chaque instant, des compagnies de cailles partaient sous les pieds des chevaux; à plusieurs reprises même, nous fîmes lever des lièvres et des antilopes.

Peu à peu nous nous étions accoutumés à l'allure extravagante de nos chevaux, et voyant avec quelle main ferme ils étaient dirigés, nous prîmes tant de confiance dans notre cocher, que toute appréhension disparut. A coup sûr, ce n'était pas ennuyeux, et même lorsque, près des villes, nous suivions des sentiers battus, les nuages de poussière qui nous enveloppaient alors nous faisaient désirer de recommencer notre course à travers champs. Vers midi, nous arrivâmes à un gros village appelé Mariposa; c'est là que nous devions déjeuner. Quelle nourriture, grand Dieu! c'était à faire dresser les cheveux sur la tête, et malgré l'appétit que nous devions au manque de souper de la veille et à une course de huit heures, il nous fut impossible de manger, tant les mets étaient répugnants et malpropres.

Mariposa est un village habité par des mineurs; les placers qui l'entourent ne sont pas très-riches, mais ils sont faciles à exploiter et n'exigent pas une grande mise de capitaux; trois ou quatre individus suffisent pour former une petite exploitation. Le village était en deuil par suite d'un malheur arrivé la veille. Six individus avaient été tués par l'explosion d'une mine, et nous arrivâmes justement au moment de leur enterrement ; c'était un spectacle navrant et qui nous faisait penser malgré nous à ces scènes si bien racontées par M. Bret Hart, et qui ont fait les délices des lecteurs européens.

Nous laissâmes à Mariposa une partie des voyageurs, qui furent remplacés par deux femmes se disant conférencières et qui traversaient la Californie en donnant des lectures sur Darwin et le matérialisme.

Ces femmes étaient réellement bien étranges ; elles commencèrent par s'emparer des meilleures places, et sur notre observation qu'étant les dernières venues, elles ne devaient pas agir ainsi : « Nous avions entendu dire, répondirent-elles, que les Européens étaient grossiers ; mais nous ne pensions pas que leur éducation fût assez mauvaise pour ne pas comprendre que des ladies avaient le droit de choisir les places qu'il leur convenait. » Nous leur fîmes observer que lady pour lady, nous préférions beaucoup celle qui était avec nous ; que nous ne voyions pas pourquoi elle n'aurait pas la meilleure place ; qu'elle désirait avoir son mari auprès d'elle ; que, de plus, nous avions parmi nous deux personnes assez infirmes pour ne pas pouvoir monter sur l'impériale, et qu'après tout, puisque nous étions grossiers, il fallait nous prendre comme nous étions et nous subir.

En quittant Mariposa, nous entrâmes dans la montagne; la route traversait d'immenses forêts d'arbres verts réellement très-belles, et à la nuit close nous atteignions un petit village appelé Clark, où nous devions passer la nuit. Le souper ne fut pas meilleur que le déjeuner; mais les estomacs étaient si affamés que nous mangeâmes sans rien dire l'horrible jambon au macaroni qu'on nous servit. Les chambres étaient peut-être un peu meilleures qu'à Merced, et comme nous étions très-élevés, il faisait déjà assez froid pour que les moustiques aient disparu.

Le lendemain matin, nous nous réveillâmes donc frais et dispos, et après nous être réconfortés avec une tasse de café au lait, nous montons à cheval pour aller visiter les grands arbres.

C'est une promenade d'environ quatre heures au milieu de forêts tellement exceptionnelles qu'il faut les avoir vues pour se faire une idée de leur beauté. Le but de notre excursion était cette partie de la forêt où croissent ces wellingtonias célèbres dans le monde entier sous le nom de *big trees*. Ils sont au nombre d'une cinquantaine, tous plus gros les uns que les autres, et portant les noms les plus emphatiques, tels que Napoléon, général Grant et ainsi de suite. L'un d'eux mesure à un mètre d'élévation une circonférence de quatre-vingt-sept pieds anglais; un autre, tombé, a une longueur de quatre cent soixante pieds ; un troisième, également par terre est presque entièrement pourri et ne conserve plus que sa carcasse. Nous sommes entrés dedans comme sous une voûte, sans être obligés de descendre de cheval.

Ce qui gâte un peu cette admirable nature, c'est la main de l'homme ; presque tous ces arbres ont une plaque indiquant leurs noms et leurs dimensions, et, au lieu de mousse et de fleurs sauvages, le sol est couvert de bouteilles vides, de boîtes de sardines éventrées et de morceaux de papiers graisseux, traces des *luncheon* de nos prédécesseurs. Autrefois ces forêts étaient habitées par des tribus indiennes, et personne, excepté eux, n'y pénétrait. Ces vandales allumaient du feu sans s'inquiéter des conséquences, et la plupart de ces magnifiques arbres portent des traces d'incendie. Mais du moment où ils ont été découverts, et sont devenus le but du pèlerinage d'une foule de touristes, les hôteliers ont compris qu'il était de leur intérêt de veiller à leur conservation, et des mesures radicales ont été prises pour éviter le retour de ces incendies. Les sauvages ont été chassés de ces parages, et quand ils y reviennent, on les pend sans autre forme de procès.

On resterait indéfiniment au milieu de cette forêt ; mais la faim chasse les loups du bois, et vers deux heures nous rentrâmes à *Clark hotel*. Les dames irlandaises qui tiennent cette auberge avaient mis des bonnets à fleurs et des robes de soie à grands ramages pour recevoir nos seigneuries. Mais le soin de leur toilette les avait empêchées sans doute de songer à la cuisine, et le repas qu'elles nous offrirent était tellement mauvais, que la patience nous échappa, et qu'après une discussion des plus aigres, nous nous décidâmes à quitter tout de suite ces lieux inhospitaliers, et à gagner le soir même Yo Semite valley, où nous pensions être moins maltraités.

Cette fois nous étions seuls dans la voiture, nos conférencières ayant été retenues par les dames irlandaises. Les montagnes que nous avions à traverser sont tellement abruptes qu'il a fallu faire une route pour les traverser. Malheureusement on disposait de peu de fonds, de telle sorte que cette route est très-étroite et que deux voitures ne peuvent pas s'y rencontrer. De tous les chemins que j'ai parcourus, c'est bien le plus effrayant; la route contourne des montagnes, laissant toujours un précipice à découvert, et les tournants sont tellement courts que l'on craint à chaque instant d'y être précipité.

Je me rappelle notamment un endroit, appelé *Inspiration point,* d'où l'on découvre toute la vallée d'Yo Semite : c'est merveilleux. Mais nous fûmes arrachés à notre admiration en voyant le

cocher lancer ses six chevaux au galop pour effec-
tuer un tournant ; l'espace était si étroit que les
chevaux de volée durent sortir de la route, et un cri
de terreur nous échappa. Mais le nègre, en souriant,
nous dit : « Si j'allais moins vite, les chevaux n'auraient pas le temps de tourner » ; et, après nous avoir
donné cette consolation, il accéléra encore la
vitesse de ses animaux et nous fit descendre à
fond de train un colimaçon de plusieurs milles.
Nous étions haletants en arrivant en bas, et je dois
avouer que la seule personne qui eût conservé un
peu de sang-froid était notre jeune Américaine.

Comme nous étions partis tard de Clark, il était
presque nuit quand nous arrivâmes à Yo Semite. Il
y avait deux auberges ; mais comme l'une d'elles
portait ce nom redouté de Clark, nous n'hésitons
pas à aller demander l'hospitalité à l'autre. Nous
étions moulus, et d'une saleté dont rien ne peut
donner l'idée. Aussi notre premier soin fut-il de
nous informer s'il y avait quelqu'un qui voulût
bien se charger de nettoyer nos habits et nos chaussures, pendant que nous prendrions un bain et que
nous sortirions du linge propre de nos sacs de nuit.
Sachant par expérience combien il est difficile en
Amérique d'obtenir ce genre de service, notre
jeune Américain s'était chargé de la négociation ; il
revint triomphant, nous disant : « Vous voyez bien
que ce sont des médisances ; j'ai trouvé un individu

qui va nettoyer toutes nos affaires pour un dollar par tête ». C'était un peu cher; cependant, vu l'état de crasse où nous étions, nous consentons. Je dois dire que l'individu en question s'acquitta à merveille de son office, et lorsque nous sortîmes du bain, bien savonnés et la tête bien lavée par l'inévitable coiffeur que l'on trouve partout en Amérique, nous avions fort bonne mine et songions avec délices au repas que l'on nous avait préparé. Quel fut notre étonnement de voir l'individu qui nous avait brossés et cirés prendre place à nos côtés! Nous apprîmes que c'était un touriste un peu à court d'argent qui avait trouvé ce moyen de prolonger son séjour dans ce délicieux paysage. Notre ami américain fut un peu confus; mais nous eûmes la charité de ne pas insister sur cet incident, qui, mieux que tout autre cependant, montre les mœurs américaines.

Yo Semite valley est un endroit relativement civilisé; pendant toute la belle saison, il est fréquenté par les touristes, ce qui fait que, pour beaucoup d'argent, on y trouve à peu près l'indispensable. La cuisine n'est pas bonne, mais elle est mangeable. Ce village se compose, outre les deux auberges dont nous avons parlé, de quelques maisons de guides, d'un grand établissement de bains, d'un ou deux bazars et de quelques photographes; car les Américains ne manquent jamais une occasion de faire faire leurs portraits.

La température était délicieuse, et la fraîcheur de cette vallée d'autant plus appréciable que nous avions été abîmés par la poussière de la route. Cet endroit si célèbre contient une quantité de points de vue, tous plus admirables les uns que les autres, et il faut plusieurs jours pour visiter les plus importants. Le plus beau cependant est celui que nous voyions de nos fenêtres ; une immense cascade à trois étages tombait d'une hauteur de deux mille six cent trente-quatre pieds ; l'eau, précipitée d'une pareille élévation, ne paraît plus qu'un brouillard quand elle arrive en bas ; mais pourtant la force est telle qu'elle fait voler partout les cailloux.

Le lendemain matin, montés sur des mulets accoutumés à ces sentiers, nous fîmes une merveilleuse promenade au milieu de la plus belle nature. Il est impossible de voir rien de plus grand et de plus beau que ces montagnes, et auprès d'elles, la Suisse paraît mesquine. Mais les Américains sont de fameux industriels, et puisque nous venons de prononcer le nom de Suisse, nous devons ajouter que, comparativement, les aubergistes de Genève et de Lausanne ne savent qu'imparfaitement exploiter les voyageurs.

A Yo Semite valley les sentiers sont faits par les habitants du pays, et il faut payer pour avoir le droit de s'en servir. Mais ce n'est pas tout encore, et afin d'extorquer plus d'argent aux touristes, ils

Miror Lake, Yosémite Valley (Californie).

se sont partagé ces sentiers de telle sorte que dans une promenade d'une vingtaine de milles, vous avez affaire à vingt propriétaires, qui vous réclament un péage différent; et comme dans ce pays fortuné l'argent n'a pas de valeur, chacun exige un dollar comme on demanderait chez nous cinquante centimes; aussi le soir, en revenant à l'hôtel, chacun de nous se trouvait avoir dépensé une cinquantaine de francs, rien que pour avoir eu le droit de se promener dans ces sentiers battus. Pour donner une idée de la façon dont le touriste est exploité en Amérique, il suffit de dire que cette excursion d'une durée de dix jours nous coûta à chacun deux mille francs.

Mais si les Américains savent extorquer des touristes plus d'argent que les Suisses, ils ne savent pas, comme ces derniers, plumer la poule sans la faire crier. La Suisse est chère incontestablement; mais les aubergistes essayent de vous contenter pour votre argent, s'efforcent de prévenir vos goûts, et prennent la peine de s'enquérir auprès des voyageurs de ce qu'ils peuvent désirer.

En Amérique, le touriste n'a ni grâce ni merci à attendre; non-seulement on le fera payer tout ce que l'on pourra, même au delà des limites du raisonnable, mais encore on exigera de lui qu'il se soumette à tous les caprices de son hôte, et même, pour son argent, il ne pourra rien obtenir en dehors des usages américains.

L'installation de Yo Semite valley, qui nous avait semblé à peu près tolérable auprès des odieuses auberges de la route, ne tarda cependant pas à nous paraître insuffisante, et après avoir consacré deux jours à nous promener dans cette admirable nature, nous étions bien aises de reprendre la route de pays plus civilisés. La vue des rochers, des cascades, des beaux paysages, malgré tout son attrait, ne compense pas d'une manière complète toutes les commodités de la vie. Je dirai même plus : le spectacle de ces splendeurs exige, pour être apprécié, une tranquillité que l'on n'obtient pas sans un certain confort.

C'est un luxe et un grand luxe que le voyage de plaisir ; je ne le comprends donc que quand rien ne manque, et ce n'était pas le cas à Yo Semite valley.

Je n'ai de ma vie rencontré d'aubergistes plus menteurs, plus voleurs, plus désagréables que ceux de l'intérieur de la Californie. Tous les prospectus annoncent des merveilles, et, lorsqu'on arrive, on ne trouve plus rien, et cela les inquiète si peu qu'ils ne font aucun effort pour assurer leurs approvisionnements. Ainsi, par exemple, à Yo Semite valley, l'auberge où nous étions est tout à fait au bord d'un ruisseau si poissonneux qu'en se promenant le long de la rive, on voit sauter le poisson ; tous les prospectus et même l'enseigne annoncent aux voyageurs que l'on trouve des truites à toute heure, ce qui est un véritable attrait pour l'Américain, très-friand de ce poisson. Eh bien, pendant les quatre jours que nous y sommes restés, il nous a été impossible d'en obtenir une seule fois, l'aubergiste nous disant que notre présence l'occupait exclusivement, et qu'il n'avait pas le temps d'aller à la pêche, d'où nous avons conclu, que quand il y avait des truites dans cette auberge; il n'y avait pas de voyageurs pour les manger.

L'Américain à peu près sauvage, comme celui qui habite l'intérieur de la Californie, vit de biftecks, de maïs et de jambon; l'étranger qui parcourt ces contrées doit donc se contenter du même régime, bien heureux quand il le trouve. En soi, le bœuf grillé et le jambon ne sont pas de mauvaises choses, si le jambon n'est pas gâté et si le bœuf n'est pas coriace, comme c'est presque toujours le cas dans toutes ces auberges.

Nous revînmes par la même route, et notre retour ne donna lieu à aucun incident. Cependant nous eûmes un épisode assez émouvant. Nous descendions une côte au grand trot; tout à coup le cheval de timon fit un bond extraordinaire, et le cocher, se retournant avec une prestesse inimaginable, lança un énorme coup de fouet sur nous. Étonnés de ce procédé, nous en demandons la raison. Le cheval avait touché un serpent à sonnettes endormi sur la route, et ce reptile avait fait un bond qui me-

naçait de le faire entrer dans la voiture. D'un coup
d'œil le cocher avait compris le danger que nous
courions, et son coup de fouet avait pour but d'arrêter l'élan du serpent. Il y réussit si bien que
l'animal retomba étourdi, et qu'on put l'achever
d'un coup de canne. Nous retrouvâmes les dames
Clark des grands arbres, avec les mêmes bonnets
à fleurs et la même mauvaise humeur, ainsi que
l'auberge de Merced tout aussi inhospitalière, et
après y avoir passé encore une nuit, dévorés par
les moustiques, nous reprîmes le chemin de fer
que nous ne devions plus quitter jusqu'à Chicago.

Aussitôt après avoir gagné la grande ligne à la
ville de Sacramento, nous trouvons des *sleeping-
cars*, l'une des choses les plus commodes que l'on
puisse inventer. Il faut rendre cette justice aux Américains que nulle part les chemins de fer ne sont
mieux organisés que chez eux; il n'y a qu'une classe
de voyageurs, et avant l'invention de ces *sleeping-
cars*, je crois que l'on devait être très-mal; mais
aujourd'hui chacun, muni de son billet, peut, moyennant un supplément d'environ trois dollars par
vingt-quatre heures, entrer dans les *sleeping-cars* et
avoir à sa disposition un grand canapé pour la journée
et un excellent lit pour la nuit. Pour être tout à fait
bien, il faut prendre pour soi seul ce que les Américains appellent une section, c'est-à-dire deux
places. Les voitures étant organisées de façon à avoir

deux couchettes superposées l'une sur l'autre, comme
cela se passe à bord des bateaux, pour ne pas étouffer,
on empêche de dresser le second lit, et par conséquent
on paye la section entière. Ces wagons contiennent
en outre des petits salons séparés, ce qui vous permet, si vous êtes quatre, de faire fermer la porte et
d'être chez vous comme vous le seriez dans un wagon
français.

Il est aussi permis dans les trains américains de
circuler d'une voiture à l'autre ; une pancarte vous
avertit seulement que, s'il arrive un accident, la
compagnie n'en est pas responsable. Des cabinets
de toilette et des water-closets sont également à la
disposition des voyageurs ; sans ce confort il serait
absolument impossible de supporter les fatigues d'un
aussi long voyage. Et se figure-t-on l'état dans
lequel on arriverait après avoir passé cinq jours et
cinq nuits dans une de ces boîtes, que l'on décore du
nom de wagons en Europe ?

Lorsqu'on inventa les chemins de fer, on s'était
exagéré les dangers que courait le voyageur, et pour
éviter ceux que son inexpérience rendait le plus
redoutables, on l'a entouré de précautions deve-
nues tout à fait inutiles, aujourd'hui que son éducation est faite et qu'il sait aussi bien que les
employés ce qu'il doit éviter de faire sous peine
d'accident ; mais l'Europe est le pays de la routine,
et les chemins de fer, après trente ans d'existence,

n'ont rien changé à leurs réglements, et quelles qu'aient pu être les réclamations des intéressés, ils n'ont jamais pu obtenir la cessation de véritables abus.

Les compagnies se sont habituées à considérer les voyageurs comme une marchandise plus encombrante, plus embarrassante qu'une autre, mais enfin comme une marchandise ; de plus, les employés les regardent toujours comme des ennemis : ce serait si agréable d'être employé s'il n'y avait pas de voyageurs !

En Amérique, au contraire, les compagnies évitent autant que possible tout ce qui pourrait leur donner l'apparence d'un priviiége, et comme il y a toujours entre les grandes villes deux ou trois lignes différentes en concurrence, on choisit celle où l'on est le mieux traité. Partant de ce principe que chacun est libre de faire tout ce qui ne nuit pas aux autres, ou qui n'engage pas la responsabilité de la compagnie, les chemins de fer font tout au monde pour simplifier le voyage et attirer les voyageurs.

Dans tous les grands hôtels de chaque ville, on peut se procurer des billets pour n'importe quelle ligne, de telle sorte qu'en arrivant on trouve sa place retenue, et que l'on n'a ni l'ennui ni l'embarras de faire queue devant un guichet. De même pour les bagages, vous donnez tous ceux que vous avez au bureau de l'hôtel, qui vous remet en échange un jeton de cuivre portant un numéro. Quelques milles avant l'arrivée, un employé passe à travers les wagons, vous demande si vous avez des bagages, ce qu'ils sont et où vous descendez ; vous lui donnez en outre le jeton de cuivre et un demi-dollar, et en arrivant chez vous, la première chose que vous trouvez, ce sont vos malles dont vous n'avez pas eu à vous préoccuper.

Il est véritablement étonnant qu'une méthode aussi simple n'ait pas été adoptée partout, et que l'on continue encore à attendre trois quarts d'heure, après une nuit de fatigue et au milieu des courants d'air, le bon plaisir des porteurs.

Nous avions fait, quant à nous, enregistrer nos bagages jusqu'à New-York, n'ayant gardé qu'un petit sac de nuit contenant le strict nécessaire. Pendant la première journée, nous montâmes la Sierra-Nevada. Le chemin de fer suit des courbes étonnantes, et gravit de très-hautes altitudes ; c'est superbe comme hardiesse de construction et comme paysage. Le lendemain matin, nous nous réveillons dans la plaine salée que nous mettons deux jours et deux nuits à traverser, avant d'arriver à Ogden, petite ville tout près de Salt-Lake city, capitale des Mormons.

Mes amis ayant désiré faire la connaissance de Brigham-Young, nous nous arrêtâmes vingt-quatre heures à Ogden. J'étais fort souffrant, et je ne pus être de la partie; je restai donc à les attendre. Ogden offre peu de ressources; ce n'est, à vraiment parler, qu'un buffet de chemin de fer avec quelques chambres. Cette ville fut la première résidence des Mormons, et non loin se trouve la célèbre vallée qu'ils franchirent en combattant les Indiens.

Nous nous figurons en Europe les Mormons comme quelque chose de très-étrange, et leur existence nous paraît à la fois un danger et une honte pour les États-Unis.

J'avoue que la vue des lieux modifie singulièrement cette opinion. Les Mormons ne sont nullement un danger, et leur exemple ne convertira personne à la polygamie ni aux étrangetés qu'ils appellent leur religion. Ce qu'on peut dire d'eux est simplement ceci : quelques hommes d'une valeur intellectuelle incontestable ont mis au service de passions aussi violentes qu'immorales toutes les ressources de leur esprit, et comprenant qu'il leur serait impossible de vivre comme ils l'entendaient au milieu des hommes, ils se décidèrent à chercher un endroit désert où l'on ne viendrait pas les inquiéter. Mais comme il faut cependant vivre, ils défrichèrent les contrées environnantes, et les rendirent habitables.

La construction du chemin de fer du Pacifique, en traversant ces plaines, les fit connaître, et beaucoup d'individus n'ayant rien à faire avec le mormonisme vinrent s'établir dans ces parages. Aujourd'hui le gouvernement des États-Unis a acquis la certitude que cette étrange organisation ne survivrait pas à son chef actuel. On laisse donc aller les choses, se contentant d'empêcher leur accroissement en attendant qu'elles tombent d'elles-mêmes. Le gouvernement aura gagné à cette conduite l'avantage de profiter du travail de ces colons et, quand la secte disparaîtra, d'avoir gagné tout un district à la civilisation.

En sortant d'Ogden, le chemin de fer traverse un défilé des plus remarquables et des plus sauvages, puis il gravit les montagnes Rocheuses ; mais ces dernières, quoique bien plus élevées que celles de la Nevada, n'ont pas un caractère montagneux aussi marqué. Elles sont presque partout couvertes de pâturages, et n'offrent à l'œil ni ces vues de rochers, ni ces immenses forêts que l'on rencontre généralement dans les grandes chaînes.

L'élévation en est cependant très-grande, et en hiver la circulation est souvent interrompue par des amas de neige ; aussi est-on obligé dans certains endroits d'élever des voûtes en planches, pour l'empêcher de s'amonceler dans les tranchées. Dans d'autres, au contraire, où le chemin de fer traverse des vallées, comme la maçonnerie eût coûté trop cher, les viaducs sont tout simplement construits en madriers. La traversée de ces ponts est des plus effrayantes : figurez-vous un chemin de fer passant sur un échafaudage de planches ayant des centaines de mètres d'élévation ; tout craque de la base au sommet, et il suffirait de la rupture d'une cheville pour précipiter le train ; sans compter que le vent donne parfois une certaine oscillation assez forte pour que l'on s'en aperçoive même en chemin de fer. Le danger que l'on court dans ces circonstances est si réel que les trains ne traversent ces viaducs qu'aussi lentement que possible ; car une grande vitesse occasionnerait une trépidation qui pourrait amener une catastrophe. Lorsque l'on arrive dans un de ces endroits, les conducteurs du train ont soin d'avertir les voyageurs, et chacun se transporte sur les plates-formes, pour mieux jouir de cette émotion.

Le point culminant s'appelle Shermann ; on s'y arrête quelques instants, et les employés du télégraphe entrent dans les wagons et invitent les voyageurs à envoyer à leurs familles un télégramme de la station la plus élevée du globe, disent-ils. Voilà bien le *humbug* américain.

Depuis Shermann jusqu'à Omaha, le chemin de fer descend doucement jusqu'à la vallée du Mississipi, traversant ces immenses plaines que l'on appelle la prairie, plaines d'une fertilité admirable et qui, dans quelques années, seront cultivées d'un bout à l'autre, si l'émigration continue à s'y porter dans une aussi grande proportion. Aujourd'hui c'est encore un désert habité par des marmottes, des buffalos et des gazelles ; ces dernières s'approchent parfois si près du chemin de fer qu'on risque de les écraser. Couchées près des rails, elles se réveillent au bruit en sursaut, et perdent si complétement la tête qu'au lieu de se jeter à droite ou à gauche, pour éviter le train, elles fuient devant lui, et leur rapidité est telle qu'elles sont bientôt hors de vue.

On doit faire de magnifiques chasses dans ces plaines où le gibier à plumes est encore plus abondant. On rencontre des bandes de poules des prairies aussi nombreuses que des pigeons, sans compter que chaque mare est habitée par des milliers d'oiseaux aquatiques.

Pendant toute cette traversée qui dure plus de quarante-huit heures, on ne rencontre pour ainsi dire pas d'habitations; çà et là se trouvent quelques buffets où l'on donne pour beaucoup d'argent une nourriture insuffisante en qualité comme en quantité. Le fond de cette nourriture est, comme nous avons déjà eu occasion de le dire, un bifteck coriace que l'on sert inondé d'une sauce graisseuse et recouvert d'un œuf sur le plat; c'est tout bonnement abominable.

Nous avions comme compagnon de voyage M. Strakosch, l'impressario célèbre qui faisait faire à mademoiselle de Belloca le tour des villes d'Amérique. Connaissant la mauvaise qualité de ces buffets, il avait apporté avec lui toutes les provisions de bouche inimaginables; cependant, de temps à autre, l'estomac de sa compagne réclamait quelque chose de chaud; elle descendait alors dans un de ces horribles *bar* pour prendre une tasse de café au lait. Le lendemain de notre départ d'Ogden, tandis que nous étions livrés à cette occupation, M. Strakosch vint d'un air agité nous engager à abréger notre repas et à remonter tout de suite en wagon. A peine avions-nous mis le pied sur l'escalier que le train partit. Nous apprîmes alors que des mineurs américains, avertis qu'il y avait des actrices, avaient formé le projet de s'en emparer de vive force et de les emmener dans l'intérieur, où, paraît-il, le sexe féminin faisait complétement défaut. Le chef du train avait été si effrayé qu'il avait averti M. Strakosch de faire remonter en toute hâte ces dames, et il partit sans s'inquiéter des voyageurs qu'il n'avait pas eu le temps d'avertir. On m'a affirmé que quelques-uns étaient restés à la traine, et je me figure leur colère en apprenant qu'ils devaient rester vingt-quatre heures dans ce buffet.

Omaha est une assez grande ville située sur les bords du Missouri; c'est la fin du désert; beaucoup de voyageurs s'y arrêtent une nuit pour se remettre de ce voyage de cinq jours et quatre nuits.

Quant à nous, nous préférâmes continuer jusqu'à Chicago, de façon à pouvoir rester un peu plus longtemps dans cette ville.

La traversée d'Omaha est des plus pittoresques; le chemin de fer circule au milieu des rues absolument comme un tramway ; la locomotive est munie d'une grosse cloche dont le battant est mis en mouvement par les pistons de la machine, et qui sonne continuellement, remplaçant ainsi la trompette des tramways parisiens. Naturellement on marche lentement, mais c'est égal, c'est un singulier spectacle que celui d'un train de chemin de fer frayant son passage au milieu d'une foule de voitures ou de piétons.

Après avoir quitté Omaha, on vint nous prévenir que le dîner était prêt, et ce fut réellement une grande douceur pour nous d'échapper à ces horribles buffets des prairies. Un immense wagon arrangé en salle à manger, avec de petites tables de quatre couverts, est attaché au train, et là, pendant deux heures durant, on sert un dîner à la carte, réellement très-bien soigné. Il faut en avoir été privé pour savourer complétement le plaisir de dîner à une table proprement servie et presque élégante. Et, chose assez ridicule, le dîner très-passable que nous fîmes dans ce wagon était moins cher que l'horrible brouet que l'on nous servait la veille dans ces affreux buffets.

Entre Omaha et Chicago, nous sommes en pleine civilisation, et l'agriculture paraît très-avancée; de loin en loin, cependant, on traverse une forêt où les traces d'incendie indiquent qu'on est encore en train de la défricher. On met à peu près vingt-quatre heures à faire ce trajet; aussi n'arrivons-nous à Chicago qu'après le coucher du soleil. Le paysage était réellement très-beau, et la ville semblait noyée au milieu des lacs qui l'entourent. Chicago est une des plus grandes villes de l'Amérique. Bâtie en planches, elle a été il y a quelques années brûlée d'un bout à l'autre; mais elle a été relevée comme par enchantement; et pour éviter le retour d'un pareil désastre, les constructions en pierre ont remplacé les maisons en bois.

Le mouvement des quartiers commerçants est vraiment assourdissant, et, chose étonnante pour un Parisien, cesse complétement avec le coucher du soleil. La nuit, on dirait être dans une petite bourgade. Les Américains, aimant peu les distractions en commun, après avoir passé toute la journée dans leurs bureaux, éprouvent le besoin de rester chez eux le soir; aussi, à moins de cas particuliers, tels que le passage d'une grande étoile par exemple, ils ne vont jamais aux théâtres qui ne sont fréquentés que par la population flottante. Au moment où nous traversions l'Amérique, on célébrait partout le centenaire de l'indépendance, et les habitants, attirés par l'Exposition de Philadelphie, profitaient de l'occasion pour visiter les différentes villes du pays. Aussi les théâtres s'étaient mis en frais, et presque partout on jouait des pièces de circonstance. L'une d'elles représentait les différentes phases de la

guerre de l'indépendance ; les décors étaient copiés
sur des tableaux populaires très-célèbres ; on voyait
notamment Washington debout à l'avant d'une bar
que, les bras croisés, le manteau drapé d'une façon
théâtrale, traverser le Delaware au milieu des gla-
çons.

Pendant notre tour d'Amérique, nous vîmes cette
pièce dans deux ou trois théâtres différents, et comme
les Américains se piquent d'exactitude historique,
ils n'auraient pas supporté le moindre changement
de mise en scène.

Chicago est un immense entrepôt ; les grains, le
bois de construction, les laines, la charcuterie y sont
l'objet de grandes transactions, et l'on ne peut traverser cette ville sans aller voir les *Hams mills,* littéralement usines à jambon. Celle que nous visitons
tue, pendant la saison, entre trois ou quatre mille
cochons par jour. Ces bêtes, amenées des environs,
sont enfermées dans d'immenses parcs où elles attendent la mort. Lorsque leur tour est arrivé, on leur
fait traverser un couloir ressemblant un peu à ceux
que l'on met devant les théâtres pour maintenir la
foule. Quand ils sont arrivés au bout de ce couloir,
un homme leur passe un croc dans le jarret ; aussitôt une poulie les enlève au premier étage ; en
route, un couteau leur ouvre la gorge ; ils sont précipités dans une chaudière d'eau bouillante, roulés
sous des racloirs, vidés, nettoyés, coupés en quar—

tiers, enveloppés de sel, et **dix** minutes suffisent pour que toutes ces opérations soient terminées. Ils tombent ensuite dans une vaste glacière où on les laisse quelques jours avant de les expédier aux quatre coins du globe, sous le nom de jambon de Cincinnati. Tout est fait à la vapeur, et le seul travail de l'homme consiste à pousser l'animal d'une machine à une autre.

Quant au sang, il est conduit dans de vastes étangs et converti en engrais. En sortant de cette usine, on reste confondu de cette activité, et l'on se demande comment une pareille quantité de viande peut être consommée.

L'endroit où l'on mesure les grains n'est pas moins extraordinaire, et les élévateurs qui, sans discontinuer, entretiennent les minoteries, sont d'une puissance inimaginable. Chicago est certainement l'une des villes les plus curieuses de l'Amérique, et l'une de celles où les fortunes se font et se défont avec la plus grande rapidité. Arrivée à ce degré, la spéculation est une sorte de fièvre dont on cherche en vain la guérison. Les sages ne la trouvent que dans un changement d'air, c'est-à-dire que dès qu'on a gagné un peu d'argent, il faut liquider et s'en aller ailleurs. Il en est de même pour les touristes; après un séjour de quarante-huit heures, cette ville devient insupportable, et dès qu'on s'est promené dans ces usines féeriques, on ne sait à quoi occuper son temps.

Après Chicago, notre première halte fut le Niagara, où nous passâmes toute une journée à visiter les divers points de vue de cette chute célèbre. Au Niagara nous retrouvons le même esprit d'exploitation que nous avions observé à Yo Semite valley; il est impossible de faire un pas sans payer un dollar, et je ne sache pas un seul endroit où l'on puisse jouir gratis de la vue de ce paysage.

Sur la rive anglaise, on est cependant un peu plus réservé; mais sitôt qu'on a mis le pied du côté américain, il faut renoncer à voir quoi que ce soit, tant on est tiraillé par les industriels locaux, qui, considérant les touristes comme leur proie, s'en emparent et ne les lâchent qu'après en avoir extrait un certain nombre de dollars. Avant que de tous côtés se fussent élevés des hôtels, alors que le paysage était intact, et que la main de l'homme ne l'avait pas encore gâté, ce devait être un prodigieux spectacle que celui de cette chute.

Au premier abord, on se rend mal compte de ce qui s'offre aux yeux, et le plus grand défaut de ce site remarquable est peut-être qu'il demande une certaine étude pour être apprécié.

Un grand pont suspendu à deux étages, l'un servant au chemin de fer, l'autre aux voitures, traverse la rivière au-dessous de la chute et réunit le Canada aux États-Unis. Du milieu de ce pont, on a une vue complète de cette majestueuse nappe d'eau, et c'est l'endroit que je conseillerais aux touristes pour s'arrêter. Le meilleur parti à prendre, c'est de monter en voiture à la gare du chemin de fer canadien, de côtoyer la côte anglaise, de traverser la rivière sur ce pont suspendu, et d'aller attendre le passage du premier train à la station américaine.

Comme cela, on aura vu à merveille les chutes, et l'on aura évité les industriels américains.

Le lendemain, au point du jour, nous arrivons à Albany, où nous quittons définitivement le chemin de fer, trouvant plus agréable de descendre l'Hudson en bateau à vapeur. Ce sont de véritables mondes que ces *ferry boats* qui font le service entre Albany et New-York, et ils peuvent contenir toute une population. La rivière, sur ce parcours, est excessivement fréquentée ; à chaque pas sur les rives s'élèvent des maisons de plaisance, résidences d'été des habitants de New-York et de Brooklin. Les bateaux à vapeur, en descendant surtout, se remplissent dans d'innombrables stations et arrivent bondés de voyageurs.

Il est dommage que la traversée soit si courte, car je suis convaincu qu'en se prolongeant, elle donnerait lieu à d'étonnantes études de mœurs. Ces steamers contiennent tout ce qu'on peut imaginer dans cinq ou six étages de constructions : un restaurant où l'on ne décesse pas de manger du potage aux huîtres et des sucreries ; un orchestre qui écorche des mélodies de Schubert et au besoin fait danser les jeunes miss et leur *party;* une librairie où l'on vend tous les journaux possibles et tous les romans à la mode ; un marchand de tabac, que sais-je ? toutes les industries inimaginables. A une station, on embarque un marchand de fruits ou de n'importe quoi ; il étale dans un coin du bateau sa marchandise et descend à l'arrêt suivant, soit pour renouveler sa provision si la chance l'a favorisé, soit pour refaire l'essai sur un autre bateau où il sera plus heureux.

Les Américains sont très-vains de leurs paysages, et comme notre accent trahissait notre origine étrangère, nous étions à chaque instant interpellés par de vieux Yankees, nous disant d'une voie émue: « N'est-ce pas que c'est beau, et que la vieille Europe ne possède rien de comparable » ? Par politesse, nous ne manquions pas d'exagérer notre propre admiration, et de leur dire, nous aussi : « Avez-vous remarqué cet arbre, ou ce coude de la rivière ? comme c'est charmant ! » La conversation entamée de cette façon devenait tout de suite plus facile, et je dois dire, depuis que nous avons quitté les pays sauvages de l'Ouest, que les personnes que nous avons rencontrées en voyage étaient très-agréables et très-bien élevées.

Le seul ennui que nous avons éprouvé, c'est dans le culte un peu exagéré que l'on rend aux femmes, et qui leur permet d'avoir des exigences réellement gênantes. Ainsi, par exemple, quand une femme jeune ou vieille, bien ou mal vêtue, entre dans un wagon, dans un omnibus, dans un salon d'hôtel ou sur un bateau à vapeur, elle choisit de l'œil l'endroit où elle veut s'asseoir, et, sans s'inquiéter de la personne qui occupe la place, elle s'y dirige et se borne, par une inclinaison de tête, à réclamer une offre qu'il est contraire aux bienséances de ne pas faire ; à la longue, c'est horriblement gênant, surtout généralisé au point où l'on en est arrivé en Amérique.

Il est bien évident qu'en Europe une femme qui demandera dans un chemin de fer la permission d'occuper une place plutôt qu'une autre, et qui appuiera sa demande d'une phrase polie, obtiendra neuf fois sur dix ce qu'elle désire ; mais il suffit qu'elle sache qu'elle pourra rencontrer un homme grossier qui lui répondra par une impertinence, pour l'empêcher d'avoir recours trop souvent à la bonne grâce de ses compagnons de voyage ; tandis qu'en Amérique la dernière maritorne venue peut exercer ce droit jusqu'à la tyrannie, sans cesser d'être obéie ; elle abuse quelquefois de la situation pour se rendre intolérable, comme cela nous est arrivé avec nos deux conférencières en Californie.

L'Américain devrait savoir que le propre de la femme comme il faut, c'est d'être réservée, et que plus elle est charmante, moins elle cherche à se montrer. La galanterie telle que la comprend l'habitant des États-Unis est une niaiserie et le rend victime de toutes les aventurières qu'il rencontre.

Un vieil Américain de Boston, l'un des hommes les plus agréables que j'aie jamais rencontrés, qui avait tout vu, tout appris, tout retenu, me disait : « J'adore mon pays, je suis prêt à sacrifier à sa grandeur ma vie et même ma fortune ; mais je suis arrivé à l'âge où la vie américaine est un supplice, et je pars pour l'Europe sans esprit de retour. Pour jouir de la liberté, il faut être jeune ; quand on a des rhumatismes et que par conséquent on a besoin des autres, non-seulement on n'aime plus autant la liberté, mais même on recherche tout ce qui peut y mettre un frein. »

Ce que j'ai vu de l'Amérique me porte à croire que l'opinion de mon vieux gentleman est assez répandue, et qu'une fois leur position assise, les Américains préfèrent la vie d'Europe à celle des États-Unis. Car s'il est agréable, à l'entrée de la vie, de trouver toutes les routes ouvertes devant soi, et d'être à peu près sûr qu'il suffit d'un peu de persévérance et d'esprit de conduite pour se créer une vie indépendante, il est moins agréable, une fois qu'on a atteint ce but, d'être bousculé par tous ceux qui courent encore.

Dans une société comme celle des États-Unis, datant à peine d'un siècle, rien n'est encore organisé,

et l'argent joue un rôle par trop prépondérant.
Dans tous les temps et dans tous les pays la richesse a été le meilleur des passe-partout ; cependant, dans les vieilles sociétés, les fortunes anciennes
sont assez nombreuses pour se suffire entre elles
et leur permettre d'exclure les nouveaux riches
dont l'éducation n'est pas encore suffisante. De là
un frein apporté à la morgue des parvenus, frein qui
n'existe en aucune façon en Amérique, où le descendant de Washington est forcé de frayer avec son
cuisinier, si ce dernier, spéculant heureusement
avec ses gages, a conquis une de ces fortunes
comme on n'en voit que dans ce pays. Il ne faut pas
se le dissimuler, à Washington, à New-York, à
Boston, à Philadelphie, à la Nouvelle-Orléans, il
existe des familles dont la fortune date déjà de
quatre ou cinq générations, et dont l'éducation est
aussi parfaite et aussi complète qu'on peut le désirer ; mais ces familles sont noyées au milieu de
fortunes plus récentes, et n'ont jamais pu conserver
d'influence ni sur les affaires publiques, ni même
sur les relations sociales, et pour le moment c'est
la grossièreté qui domine. Jamais un homme
comme il faut ne brigue aucune fonction publique ;
pour l'obtenir, il lui faudrait se mêler à des tripo-
tages qui répugnent à ses habitudes d'homme bien
élevé ; il préfère donc se retirer complétement de
la scène et vivre isolé. Il y a même une grande

analogie entre la vie de ce que j'appellerai, pour mieux faire comprendre ma pensée, la noblesse américaine et la noblesse française qui, de 1830 à 1870, a, pour d'autres causes, elle aussi, complétement abandonné les fonctions politiques.

Seulement les Américains, se trouvant dans un pays plus jeune, ont pu donner un autre cours à leur activité, et toute la jeunesse a trouvé dans l'industrie, dans l'agriculture et dans la banque l'emploi de ses facultés. Les personnes âgées ont donc été les seules à souffrir réellement de cette situation ; c'est ce qui explique le nombre de familles américaines établies en Europe, dont les enfants retournent à New-York ou à Chicago et y restent tout le temps nécessaire à faire ou à consolider leur fortune personnelle.

Les Américains que l'on rencontre ne font aucune objection pour plaisanter des ridicules de leur nation, et pourvu qu'on leur accorde en principe que l'Amérique est le premier pays du monde, ils consentiront à admettre toutes les critiques, même injustes ou passionnées, de l'étranger. C'est un mélange tout particulier de vanité nationale et de dénigrement qu'il est difficile de comprendre, mais qui explique assez bien le peu de sympathie qu'en général on éprouve pour les Yankees. Le nouveau venu est choqué à chaque instant par la grossièreté des gens qui l'entourent, et par le sans gêne d'un peuple qui n'admet aucune restriction à la liberté et à l'initiative individuelle.

Un philosophe de l'ancien monde a défini ainsi la liberté : « Le droit de faire tout ce qui ne nuit pas aux autres. » Telle n'est pas la liberté américaine, qu'on pourrait définir : Faire tout ce qui plaît sans s'inquiéter de l'intérêt d'autrui. Il est incontestable qu'il est impossible d'avoir un gouvernement qui se fasse aussi peu sentir que celui des États-Unis, où chacun reste absolument maître de faire ce qu'il lui plaît.

De là des habitudes qui nous paraissent monstrueuses et que nous ne pouvons concevoir, telles, par exemple, que la loi de Lynch, qui permet à une population de se faire justice elle-même, sans attendre l'arrêt des tribunaux. De temps en temps les journaux nous racontent des épisodes qui font frémir. Ainsi un nègre viole-t-il une femme blanche, la population n'attendra pas le verdict du jury; elle se précipitera vers la prison, enlèvera le coupable et le pendra, sans vouloir comprendre qu'en laissant la justice suivre son cours, ledit nègre serait puni tout aussi sévèrement.

Un autre spectacle hideux, c'est celui d'une élection. Au moment où nous traversions l'Amérique, il s'agissait de nommer un nouveau président, en remplacement du général Grant; deux candidats étaient en présence : M. Hayes et M. Tilden. Tout le pays était en révolution, car l'élection d'un nouveau président est le signal d'un bouleversement complet dans toutes les administrations, bouleversement qui s'étend jusqu'aux derniers employés. Il est convenu que le candidat victorieux doit partager avec ses électeurs le fruit de la victoire, et que tous ceux qui ont aidé à son élection ont le droit d'espérer une récompense quelconque. On peut se figurer parfaitement l'état d'excitation dans lequel se trouvent les partis pendant les derniers jours qui précèdent l'élection.

On dirait que le pays est livré à l'anarchie la plus terrible; à chaque instant des rixes surgissent, dans lesquelles des centaines d'individus perdent la vie. Malheur aux citoyens paisibles qui se trouvent dans ces bagarres; s'ils viennent à être tués par une balle se trompant d'adresse, personne ne s'inquiétera de leur mort. Pourquoi diable allaient-ils se fourrer dans cette bagarre? Voilà toute l'oraison funèbre qu'ils obtiendront.

Pendant ces périodes néfastes, ce ne sont pas seulement les passions violentes qu'il faut redouter; mais, comme tous les moyens sont bons pour arriver au succès, on n'hésitera pas plus à déshonorer un homme qu'à le tuer, et si l'on pense que tel ou tel individu puisse avoir sur les électeurs de son district une influence déterminante, la partie adverse n'hésitera pas à lancer une calomnie quelconque qui

pourra le ruiner. L'expérience de ces horribles
guets-apens n'est pas à faire, et c'est la crainte d'en
être victime qui arrête les hommes considérables, et
les empêche de s'occuper des affaires de leur pays.

Nous ne sommes pas restés assez longtemps en
Amérique, et surtout nous étions trop en dehors de
toute espèce d'affaires pour avoir une opinion sur
les concussions de toutes sortes dont on accuse les
fonctionnaires. Nous n'avons vu aucun fait qui puisse
nous permettre de porter un jugement quelconque
sur ces matières; tout ce que nous pouvons dire,
c'est que c'est le sujet des conversations habituelles
des gens du pays, et que, si l'Europe juge en général
si sévèrement la probité du gouvernement américain,
ce sont les Américains qui en sont la cause, car ils
sont les premiers à raconter des anecdotes qui font
ensuite le tour de la presse européenne.

L'étranger, agacé par la vulgarité des mœurs de ce
peuple et par l'exagération de ses sentiments démocratiques, devient malgré lui antipathique à la population qui l'entoure, jusqu'à l'injustice. Il accepte
avec plaisir toutes les critiques qu'il entend et ne se
donne pas la peine de s'enquérir de leur justesse.
Ce n'est que plus tard, et lorsque, rentré chez lui, il
est à l'abri de tous ces coups d'épingles, qu'il consent
à s'apercevoir que tout n'est pas à blâmer dans ce
pays, et qu'il contient des éléments de grandeur et
de prospérité.

Le vieux monde, quelque entraîné qu'il soit aujourd'hui vers les nouveautés sociales, est cependant trop esclave de sa vieille civilisation pour ne pas avoir horreur du grossier et du trivial. On veut être démocrate, mais bien élevé, et le spectacle de la société américaine est aussi pénible aux conservateurs qu'aux républicains. Les uns voient avec effroi ce qu'ils considèrent comme les conséquences inévitables de la démocratie au pouvoir; les autres comprennent que jamais ils ne pourront décider des populations aussi raffinées que celles de l'Europe à adopter un système qui aurait de pareils résultats.

Le fait est que la vie de New-York, qui cependant est la plus grande ville des États-Unis, est absolument impossible pour un Européen. La vie matérielle y est abominable pour quiconque n'est pas millionnaire, et je ne crois pas qu'aucune capitale renferme des misères aussi grandes et des vices aussi monstrueux que ceux que l'on rencontre dans les bas quartiers.

Les admirateurs de l'Amérique sont pour la plupart ceux qui l'ont étudiée dans les livres, et n'ont pas pris la peine de la visiter par eux-mêmes. Ils racontent avec un enthousiasme homérique que les maisons sont organisées de telle façon qu'on peut à peu près s'y passer de domestiques. En poussant un bouton, on obtient de l'eau chaude, tandis qu'un autre allume le gaz, et qu'un troisième met la maison en rapport avec le bureau de police, avec le télégraphe ou avec les pompiers. Tout cela est fort joli ; mais on aura beau pousser tous les boutons du monde, il ne viendra pas d'eau chaude si quelqu'un ne s'est pas donné la peine d'allumer la chaudière, et il y a bien des individus qui passent leur vie sans avoir besoin des pompiers ; tandis que le manque de domestiques est une souffrance de tous les jours et de tous les instants.

Autrefois, en Amérique, toutes les familles possédaient des nègres et, grâce à l'esclavage, avaient des domestiques en aussi grande quantité que le comportait leur fortune. Mais depuis la guerre de sécession les choses sont bien changées ; pour le nègre, le mot liberté est synonyme de paresse ; il ne comprend pas qu'on travaille sans y être forcé par le fouet, et pour lui, la plus grande jouissance, c'est le *far niente ;* il n'y a pas de plaisir comparable à celui-là ; aussi les nègres affranchis ont-ils affirmé leur indépendance en abandonnant toute espèce de travail.

L'esclavage en Amérique était fort doux ; son seul côté odieux était l'organisation de la famille ; pour augmenter ses revenus, le colon organisait ses nègres comme un troupeau, et l'on unissait Jonathan à Élisa sans s'inquiéter s'ils s'aimaient, mais seulement par la raison que le produit serait vigoureux, bien conformé, et d'une défaite facile.

C'est au demeurant par ce côté que la question s'est engagée, et si l'on se reporte à l'époque littéraire déjà lointaine qui a précédé cette terrible guerre de sécession, on se souviendra que madame Beecher Stowe et ses disciples se sont surtout élevés contre ces haras humains. En dehors de cette immoralité, l'organisation de l'esclavage était des plus paternelles.

La vie de New-York dépasse en cherté tout ce qu'on peut imaginer; c'est un gaspillage impossible; chaque Américain est dans les affaires; sa dépense n'est rien en comparaison des recettes qu'il espère, et son temps a une valeur si grande, selon lui, que celui qu'il emploierait à surveiller ses affaires privées serait complétement perdu. De là ce phénomène singulier de gens dépensant sans compter, et cependant tout ce qu'il y a de plus âpres et de plus intéressés dans les questions d'argent.

La femme américaine n'est pas une femme d'intérieur; tant qu'elle est jeune fille, la chasse au mari est sa principale occupation; dès qu'elle est mariée, elle s'occupe de l'éducation de ses enfants, et leur consacre tout le temps que ne réclame pas la profession à laquelle elle se livre. Le soin de sa maison lui est complétement indifférent, et le plus souvent elle ne commande même pas son dîner. Chez elle tout est donné à l'entreprise; le cuisinier reçoit tant de dollars par tête, puis tant pour chaque extra; les chevaux sont en pension chez le cocher, et la femme de charge a l'entreprise du reste de la maison, tant pour le blanchissage, tant pour l'éclairage, etc. Toutes ces dépenses sont réglées par semaine et soldées par un chèque du mari; la femme n'a donc aucune surveillance à exercer, et les devoirs de maîtresse de maison lui sont si inconnus et si désagréables que les trois quarts du temps elle usera de son influence sur son mari pour le décider à louer ou à vendre son habitation et aller rester dans un hôtel meublé.

Le *Fifth-Avenue hotel*, l'un des plus grands de New-York, est constamment rempli de familles qui préfèrent s'épargner les ennuis d'une domesticité, et se retirent à l'hôtel où elles trouvent tout ce qu'elles désirent au bout d'un fil électrique.

Pendant notre séjour à New-York, nous fûmes mis deux ou trois fois à même de juger cette étrange situation, et nous fûmes engagés à dîner par carte et à la troisième personne par des Américains qui habitaient tranquillement trois ou quatre chambres dans un des grands hôtels de la ville, et nous donnaient à dîner dans ce qu'on appellerait à Paris un cabinet particulier.

A New-York, il y a deux sortes d'hôtels : ceux qui vous traitent à l'américaine, et ceux qui sont organisés, comme disent les affiches, sur l'*European style*. Dans les premiers, on vous donne à prix fixe le logement et la pension, se composant de quatre ou cinq repas par jour; dans les autres, au contraire, c'est comme en Europe, et le restaurant n'est qu'une annexe de l'hôtel, annexe très-chère, mais c'est commode. Nous étions quatre, et pour manger à peu près à notre faim, et boire de l'eau rougie, nous dépensions environ trente-cinq dollars par jour, c'est-à-dire une moyenne de quarante-cinq francs pour deux repas les plus simples du monde. Il est vrai d'ajouter qu'à New-York les vins sont d'un prix exorbitant, tant à cause des droits d'entrée que de ce laisser-aller dont nous parlions plus haut.

Nous étions descendus à Breworth, l'un des meilleurs hôtels, tout à fait sur le style anglais ; on y était fort bien, et surtout à l'abri de ce bruit infernal qui règne dans ces grands caravansérails d'Amérique. La moindre course en voiture coûte un dollar, bien heureux encore si l'on trouve un fiacre qui veuille vous mener. Tous les Américains font leurs affaires en omnibus ; c'est le moyen de locomotion adopté par tout le monde ; ceux qui ont des chevaux de luxe ne s'en servent que pour la promenade, et ils ont raison, car le pavé est si mauvais qu'on risque à chaque instant d'estropier ses chevaux.

La cinquième avenue est le quartier élégant de New-York ; c'est là où demeurent la plupart des célébrités, ce qui ne l'empêche pas d'être d'une tristesse mortelle ; le soir, à partir de huit heures, il n'y passe plus un chat; du reste, c'est à peu près partout de même, et Brawdway, qui est si animé pendant le jour, est absolument désert le soir à partir de neuf heures.

Les jeunes Américains qui veulent s'amuser ont sans doute des points de réunion connus de chacun d'eux; mais l'étranger, qui n'est pas au fait de ce petit mystère, trouvera cette ville si ennuyeuse qu'il se hâtera de prendre le premier steamer venu pour rentrer en Europe. Somme toute, si j'étais forcé de rester quelque temps en Amérique, je crois que j'essayerais soit de me mettre à la tête d'une grande exploitation industrielle ou agricole, ou d'habiter la Californie; mais cette vie que l'on mène à New-York, et qui n'a ni les avantages d'être la civilisation telle que nous la comprenons, ni le laisser-aller et l'ampleur de la vie sauvage de l'Asie, me paraît odieuse, surtout si l'on ajoute aux ennuis que nous avons dépeints ceux qui proviennent d'une démocratie aussi exclusive que celle des Yankees.

Certainement la société américaine est forte, certainement elle vaut la peine d'être étudiée; mais quelque partial que l'on puisse être pour elle, on ne saurait s'empêcher de convenir qu'elle manque absolument de bonhomie et de grâce. Chacun est occupé de ses intérêts et apporte dans ses affaires une âpreté et un cynisme écœurants. On voit bien que c'est une société encore jeune, et que ses membres ont encore la dureté qui préside à l'enfantement des sociétés nouvelles. Le but est de s'enrichir, et le souverain bien, d'avoir de l'argent.

La traversée de New-York au Havre est une des plus dures que l'on puisse faire; les bateaux sont excellents et d'une rapidité folle; mais douze jours de brouillards, de grosse mer, et, ajoutons-le, de dangers constants, sont une rude épreuve pour les nerfs; mais aussi quelle joie lorsqu'on aperçoit la côte d'Angleterre, puis Plymouth, et qu'enfin quelques heures après on défile le long de la côte de France, et qu'on entre en Seine ! Pour nous, ce moment avait un double charme, car non-seulement c'était la fin de cette traversée, mais c'était aussi l'épilogue de dix années de voyage, et quelque charme que l'on ait éprouvé à visiter les quatre coins du monde, et à voir par soi-même l'humanité sous toutes ses formes, il arrive un moment où le retour s'impose comme un besoin impérieux. Quelque sobre que l'on ait pu être, les changements perpétuels de climats et de nourriture affectent les tempéraments les mieux constitués, et l'on a besoin, aussi bien au point de vue physique qu'au point de vue moral, de se retremper à l'air natal.

Cependant les derniers jours qui précèdent le retour sont pleins d'anxiété; on désire ardemment revenir chez soi ; mais qui retrouvera-t-on ? Les absents ont tort, et il suffit de quelques années pour effacer l'amitié la plus vive et la plus dévouée, croyait-on.

Quand on rentre à Paris après quelques années d'absence, on est tout surpris de retrouver tant de choses à la même place. L'idée de revoir ses anciens amis vous donne une certaine émotion; tout joyeux, on escalade les escaliers du club : « Ah! vous voilà? dit la première personne que vous rencontrez; vous avez donc été à la campagne? il y a quelques jours que je ne vous ai pas vu. — Mais je reviens de Chine et du Japon. — Ah! vraiment, je n'en avais rien su. — Eh bien! là-bas, comment vous êtes-vous amusé? Y a-t-il de la chasse? les femmes sont-elles aimables? et la cuisine, dites-moi, est-ce vrai que vous mangiez des petits chiens à l'huile de ricin? »

Cette conversation se répète dix ou vingt fois dans la soirée, et vous rentrez chez vous pénétré de l'idée que le mieux est d'enfermer sa vie dans un petit cercle et de ne l'en pas sortir.

FIN.

TABLE DES MATIÈRES

TABLE DES GRAVURES

PARIS. — TYPOGRAPHIE DE E. PLON ET Cⁱᵉ, 8, RUE GARANCIÈRE.